建築学縁祭の開催および
オフィシャルブック発刊にあたって

総合資格学院は、建築の世界を志す学生の方々が
志望の進路に突き進むことができるよう、さまざまな支援を全国で行っています。
卒業設計展への協賛やその作品集の発行、建設業界研究セミナーなどは代表的な例です。
3回目を迎えた「建築学縁祭」も、学生の方々の夢への一歩を強く後押しするものとして企画しました。

建築学生の方々は日々、学内で課される設計演習で知識と技術を習得し、設計の腕を磨いています。
その過程で学校を飛び出し、学外の評価・批評に晒され、
学外の仲間の作品に触れることは大きな経験となるはずです。
本会の「〜Rookie選〜」が初めての他流試合となる方も多かったと思います。
また本会は、建築家の伊東豊雄先生と建築学生によるトークセッションや、
建築学生サークル・プロジェクトの活動発表会、建築写真展など多様なプログラムが用意されました。
今年もまた、本会が学内の枠を超えて「縁」を結ぶ場として、大盛況となりましたことをとても嬉しく思います。
本書は、その大会の一部始終を収録したオフィシャルブックです。
出展作品の紹介はもちろん、受賞者の座談会や学生実行委員会の活動記録など、
特別企画も盛り込み非常に充実した内容となっています。
本書が広く社会に発信されることで、本会がより一層有意義な場として発展していくことを願っています。

現在、新型コロナウイルスの感染拡大は収束しましたが、気候変動や自然災害、戦争など、
私たちの社会にはグローバルな課題が数多く存在します。
しかし、若い時に得たつながりは将来の助けになり、課題解決のための大きな力になるはずです。
「建築学縁祭」に参加された皆様が、本会で得た「縁」を大切に、将来、国内だけに留まらず世界に羽ばたき、
各国の家づくり、都市づくりに貢献されることを期待しています。

総合資格 代表取締役
岸 和子

CONTENTS

開催概要

開催主旨

第3回目となる建築設計イベント「建築学縁祭2023〜Rookie選〜」は、東京・神奈川・千葉・埼玉の1都3県（首都圏）のエリアの建築を学ぶ現役学生を対象とした、フリーエントリー制の設計課題講評審査会です。

本イベントはコロナ禍でさまざまな活動が制限される2021年に、首都圏で建築を学ぶ一人でも多くの学生に「腕試しの場」を提供することを目的として誕生しました。自身の所属する学校の授業で取り組んだ設計課題の作品を自主応募する講評審査会であり、チャレンジ精神で挑んでいただくことを期待しています。また、学校の垣根を超えた建築学生の交流の場としても位置づけ、学生間で競い合うことで皆さんのレベルアップとプレゼン力の向上も図ります。

会場には一次審査を通過した100作品を展示し、自身の作品と他校の作品を比べることで、普段受けている建築教育を客観的に理解でき、各校の教育効果の向上も見込まれると考えます。

また、講評審査会（〜Rookie選〜）以外にも、建築家の伊東豊雄氏と現役学生によるトークセッション「これからの建築をめざして」、大学・専門学校の建築サークルや学生プロジェクトの活動を紹介する「活動発表会」、建築好きなら誰でも参加できる「建築写真展」を併せて開催します。

主催

総合資格学院／建築学縁祭学生実行委員会

会期

9月2日（土）〜4日（月）

会場

工学院大学 新宿アトリウム

建築学縁祭 公式HP・SNS

HP

X

Instagram

9月2日(土) 〜 4日(月)

作品展覧会【100選】
一般公開での模型・パネルの展示。一次審査を通過した100選の出展作品が場内に一堂に会する。

BIG LOVE −好きな建築− 写真展・モザイクアート
建築好きの方々から募った「好きな建築」の写真を展示。来場者の投票で賞を決定する学生実行委員会オリジナル企画。
また、応募作品でモザイクアートを作成しSNSで公開する。

9月2日(土)

13:00〜 トークセッション　伊東豊雄×建築学生
「これからの建築をめざして」
「これからの建築をめざして」をテーマに、建築家・伊東豊雄氏と現役の建築学生が対話するライブトーク。学生実行委員会の中から自主応募により選ばれた建築学生たちが、専門的なインタビューではなく、日頃から感じている建築に対する野心や苦悩、疑問を伊東豊雄氏に直接投げかける。

16:00〜 首都圏建築学生 活動発表会
首都圏の大学や専門学校における、建築サークル・学生プロジェクト団体の活動発表会。授業外で「建築」の考え方や捉え方を研究する建築サークル、低学年から高学年までの縦の学年のつながりや、他校とのネットワークによる学生プロジェクトチームなど7団体が参加。日頃の活動の成果をプレゼンテーションする。

9月3日(日)

〜Rookie選〜

10:00〜 巡回審査
13:00〜 公開審査
17:00〜 表彰式

首都圏エリア(東京・神奈川・千葉・埼玉)の現役建築学生を主な対象とした講評審査会。大学、専門学校の3年前期までの授業で取り組んだ「設計課題」における作品をフリーエントリーし、学校間の垣根を超えて競い合う。事前に実施された一次審査を通過した100選から巡回審査で10選に絞り込まれ、公開審査でのプレゼンテーション、議論を経て、「最優秀賞＝首都圏No.1 Rookie」を決定する。

The ARCHITECTURAL SCHOOL FESTIVAL
for NEXUS 2023®

～Rookie選～

……

首都圏No.1 Rookieとなった最優秀賞作品
から100選まで出展全作品を紹介。
併せて、一次審査の講評、本選の二次審査
から公開審査の最終議論まで、
審査の行方を追う。

〜Rookie選〜

開催概要

首都圏エリア（東京・神奈川・千葉・埼玉）を中心に、建築を学ぶ学生を対象とし、学校の授業で取り組んだ
「設計課題」での作品を募る、フリーエントリーによる個人競技の設計講評審査会（チーム課題・グループ課題も可）。
大学、専門学校の3年生前期までの課題を自身で選び、ブラッシュアップして臨むことを期待する。
応募作品は事前に実施される一次審査で、本選に進む100選に絞り込まれ、
本選では会場に100選の模型とパネルを展示。巡回審査と公開審査でのプレゼンテーション、
質疑応答、最終議論を経て「最優秀賞＝首都圏No.1 Rookie」と各賞が決定される。
建築を学ぶ多くの学生やさまざまな大学の教員、建築家、建築・建設関係者に直接作品を見てもらうことで、
学生のレベルアップとプレゼン力の向上を図る。また、建築文化の交流にもつながり、
自身の作品を他校の学生作品と比較することで客観的視野を養い、互いに切磋琢磨することを目的とする。

審査方式

［2023年8月7日(月)］

一次審査（非公開）

エントリーされた全ての作品を対象に、提出されたプレゼンテーション資料をもとに実施する事前審査。本選に進む100選の作品を選出する。

［2023年9月3日(日)］

巡回審査

会場に展示された100選の作品を審査員が巡回するポスターセッション。各作品の前に出展者が立ち、巡回してきた審査員との質疑応答を行う。巡回審査を踏まえて審査員による投票を実施し、公開審査に進む10選を選出。

公開審査

巡回審査で選ばれた10選によるプレゼンテーションと質疑応答を行う。各作品の持ち時間はプレゼンテーション3分＋質疑応答3分の計6分。プレゼン・質疑応答の終了後、最終議論・投票を経て最優秀賞と各賞を決定。

表彰

♛ **最優秀賞**（1作品） ♛ **優秀賞**（2作品） ♛ **ポラス賞**（1作品） ♛ **佳作**（4作品）

♛ **誠賀建設賞**（1作品） ♛ **審査員賞**（6作品）
※10選以外を対象とする

♛ **総合資格賞**（1作品）

Award Winning Works

受賞作品

......

清澄アーカイブス
〜築95年のRC造長屋『旧東京市店舗向住宅』の変遷の先に考える、
250mの「未完建築」で応答するノスタルジー〜

芝浦工業大学 建築学部 建築学科 SA コース
半田 洋久

清澄アーカイブス
～築95年のRC造長屋『旧東京市店舗向住宅』の変遷の先に考える、250mの「未完建築」で応答するノスタルジー～

芝浦工業大学 建築学部 建築学科 SAコース 3年

半田 洋久
HIROHISA HANDA

設計主旨　築95年になる「旧東京市店舗向住宅」改修の提案である。住人の建築に対する能動的な応答がさまざまな表情をつくり、それらは地域に愛されていた。現在空洞化しているその建築を街の遺産とし、個人の記憶の痕跡を残しながら地域に開くことで、集合的な記憶の母体へと変えていく。新たなプログラムを地域のライブラリーと小規模事業者のテナントとし、再び生きられた建築を目指す。確かにその変遷と地続きになり再編されるこの建築は、未完成なのだ。これは、街と、人と、建築と、設計者の私が自らの世界をアーカイブしていく所作である。

設計課題名：商成熟社会における
　　　　　　市民の文化活動拠点としての図書館
プログラム：図書館を核とする複合施設
敷　　　地：東京都江東区清澄
制作期間：課題取り組み期間1.5カ月＋
　　　　　　建築学縁祭準備期間1カ月

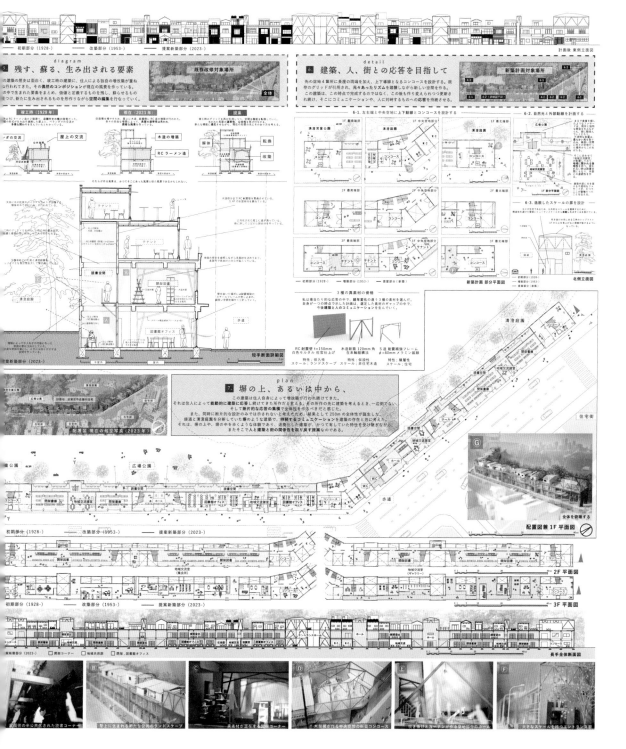

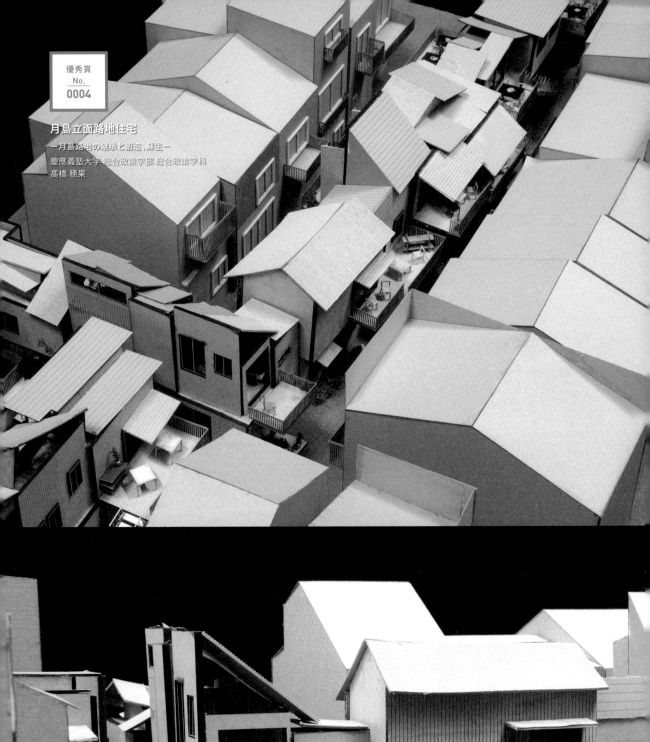

月島立面路地住宅
ー月島路地の継承と創造、蘇生ー
慶應義塾大学 総合政策学部 総合政策学科
髙橋 穂果

優秀賞
No.
0004

月島立面路地住宅
―月島路地の継承と創造、蘇生―

慶應義塾大学 総合政策学部 総合政策学科 3年
髙橋 穂果
HONOKA TAKAHASHI

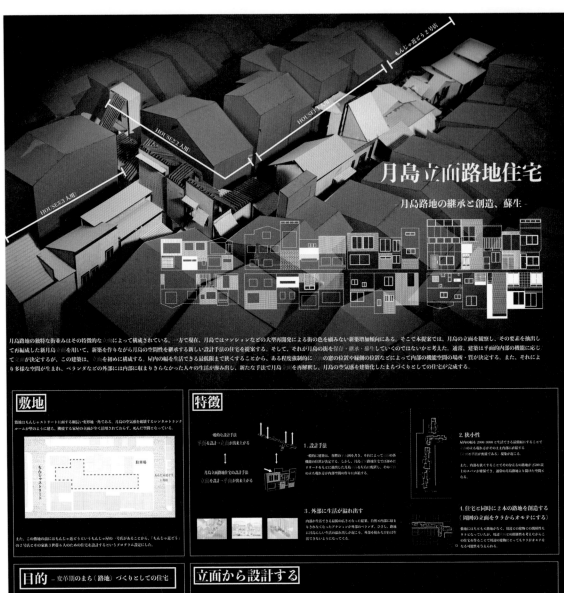

月島路地の独特な街並みはその特徴的な立面によって構成されている。一方で現在、月島ではマンションなどの大型再開発による街の色を顧みない新築増加傾向にある。そこで本提案では、月島の立面を観察し、その要素を抽出して再編成した新月島立面を用いて、新築を作りながら月島の空間性を継承する新しい設計手法の住宅を提案する。そして、それが月島の街を保存・継承・蘇生していくのではないかと考えた。通常、建築は平面の内部の機能に応じて立面が決定するが、この建築は、立面を初めに構成する。屋内の幅を生活できる最低限まで狭くすることから、ある程度強制的に立面の窓の位置や縁側の位置などによって内部の機能空間の場所・質が決定する。また、それにより多様な空間が生まれ、ベランダなどの外部には内部に収まりきらなかった人々の生活が滲み出し、新たな手法で月島を再解釈し、月島の空気感を建築化したまちづくりとしての住宅が完成する。

敷地

敷地はもんじゃストリートに面する細長い変形地一角である。月島の空気感を破壊するレンタルトランクルームが壁のように建ち、隣接する家屋の立面が全く活用されておらず、死んだ空間となっている。

また、この敷地の前にはもんじゃ返そうというもんじゃ屋の一号店があることから、「もんじゃ返そう」の2号店とその家族3世帯6人のための住宅を設計するというプログラム設定にした。

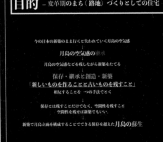

特徴

1. 設計手法
一般的に建築は、各部に立面を割り書き、それによって立面の諸機能の設計が決定する。しかし、月島の路地住宅では当初からリサーチをもとに抽出した立面を家々に配置し、その立面の表れ方から内部空間の作りが決まる。

2. 狭小性
屋内幅を2000 3000で生活できる最低限にすることで立面の表れ方がそのまま内部面に直結することが立面が明確である。現象が起こる。

また、内部を薄くすることでその分左右の路地が2500以上増加することで、通常の月島路地より開けた空間となる。

3. 外部に生活が溢れ出す
内部の生活できる最低限の小さくなった結果、自然に内部に収まりきらなくなったマンションが外壁のベランダ、ひさし、路地に月島らしい生活の溢れ出しが起こる。外部を使わないと生活できないようになってくる。

4. 住宅と同時に2本の路地を創造する（周囲の立面をウラからオモテにする）
敷地はももとの路地がなくなり、周辺の建物の関係性もウラとなっていたが、周辺立面の関係性を考えながらこの住宅を作ることで両面の建物にとってもウラがオモテとなる可能性が考えられる。

目的 ─変革期のまち（路地）づくりとしての住宅

今の日本の新築のまま行くと失われていく月島の空気感

月島の空気感の継承

月島の空気感などを残しながら新築をたてる

保存・継承と創造・新築
「新しいものを作ることと古いものを残すこと」
相反することを一つの手法でつなぐ

保存とは残すことだけでなく、空間感を残すこと
空間感を残せば新築でもいい。

新築で月島立面を構成することでできる保存を超えた月島の蘇生

立面から設計する

1. 月島立面を観察、スケッチし、立面から月島の空気感の要素を抽出する。

2. 抽出した要素と立面をもとに50の月島らしい新立面を再編する。

3. 新立面を敷地の内側に、周り敷地の立面との関係性を考慮しながら並べる（この時に内部の幅を生活できる最低限まで狭くする）

4. 立面の立ち表れ方（窓、ひさし、素材、縁側の大きさや位置、かたちなど）によって中の機能空間の場所や質を決定する。

設計主旨 月島の路地の独特な空気感と来歴は「立面」によって構成されている。しかし現在、その独特な街の個性が再開発で失われつつある。そこで月島に存在する立面の構成やはたらきを読み取り、再編集しながら新築することで路地を継承、創造、蘇生する。通常建築は平面から立面を設計するが、この建築は立面から平面を設計する。建築内部の幅を生活できる最極限まで狭くすることで、本来内部で行われる暮らしが外部へ溢れ出す。立面の現れが家と路地と街の関係をつくり、建築内部の立体性や場の質にも直結する。

設計課題名：住まいと環境 -6人の家-
プログラム：住宅
敷　地　：東京都江東区月島
制作期間：2カ月

月島の骨格を形成するエッセンス

上記立面や月島の街並みをフィールドワークし、スケッチをする中で抽出した月島の主なエッセンスである。月島では路地への生活の溢れ出しが一番の特徴である。細かな要素の溢れ出しの集結が月島路地の空気感を作っており、このエッセンスたちは月島の空気感そのものである。

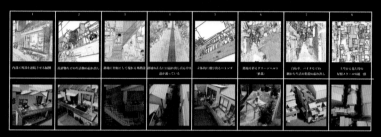

月島立面集

月島の街並みを構成する特徴的なファサード

月島の立面（ファサード）は外側から内側の生活を想像させるような喚起力をもち、この個性豊かな立面たちが月島の立面を構成している。その立面たちの中から自己視点で月島らしいと捉えた立面を抽出することでそこから新月島立面を再編集した。

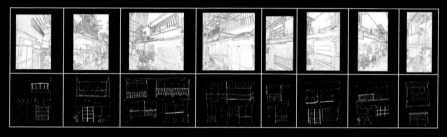

起こし絵図

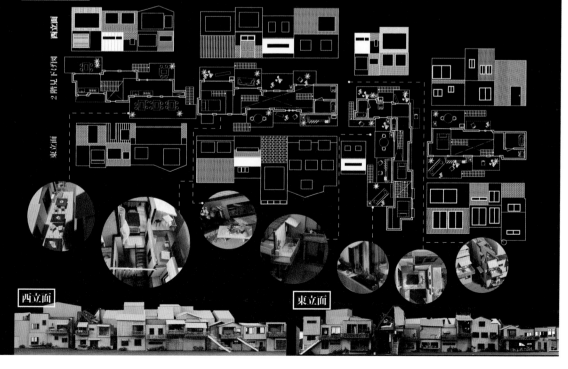

西立面

東立面

情報創造地区生業

東京理科大学 創域理工学部 建築学科
亀谷 匠　渡邉 匠　吉澤 和真

情報創造地区生業

東京理科大学 創域理工学部 建築学科 3年

亀谷 匠　渡邉 匠　吉澤 和真
SHO KAMEGAI　TAKUMI WATANABE　KAZUMA YOSHIZAWA

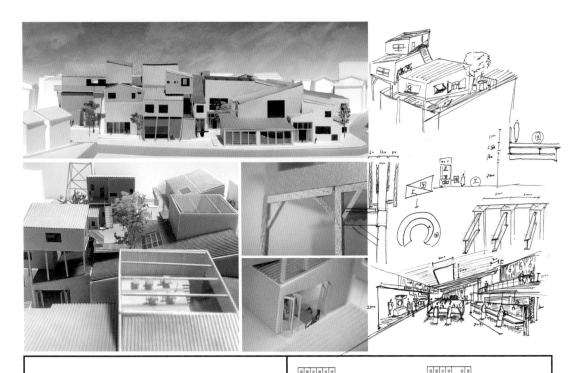

荒川区尾久図書館　情報創造地区生業

(2024年度第1期) 情報創造地区生業住人選定公募

応募期間　2023年4月11日〜7月21日

■情報創造地区生業は荒川地区の町工場からインスパイアされた，ものづくり文化の継承／発展のためのプロジェクトである．ここでは新たに技術を学びたい，その技術を披露したいという若者たちに工房付きの賃貸を提供する．我々はものづくりを"生業"とするために奮闘する若者たちを向かい入れる．
工房では作業ができる，展示ができる，技術をお互いに教え合える．それを併設された図書館内に開けば，貴方の活動は未来の職人たちへの刺激となるだろう．
本に囲まれたこの地区で多くの知識を蓄え，技術を身に着け，そして貴方が持っている知識，技術，創造力で街に還元していく．

■募集内容
情報創造地区生業住戸を借りる場合は，図書館に向かって開放し，かつ同業者とコミュニケーションを形成すること．
住人の選定は，ポートフォリオの提出により決定する．また募集者が超過した場合，コンペティション形式で選定することがある．

□2か月契約プラン
荒川区とその周辺の職人への弟子入りを志望するもの及び当該地区内にて制作活動をするもの：8名
(2か月間で1つの作品を作り上げてもらい，それを一定期間展示してもらいます．作品の制作は原則1階の工房で行い，図書館に公開してもらいます．)
□2年契約プラン
荒川区とその周辺の職人への弟子入りを志望するもの：3名
(2年間のなかで様々な作品の制作，展示してもらうほか，荒川区で働く職人に弟子入りしワークショップを開くことを必須とします．)

■応募資格
満18歳〜満28歳
(＊ここでは若者が新しい体験し，将来への活動に活かしてほしいため，若者に限定する．)

■応募フォーム
応募者は必ず応募期間内に下記の応募フォームに入力すること．
https://www.ouboform.jouhousouzouchiku
nariwai.2024nendodai1ki.com

■ポートフォリオの形式
A2(420×594mm) 以下のサイズで10ページ(10枚) までとする．立体物の提出は禁止とする．
掲載作品は写真や図面，スケッチ，文章など自由とする．
作品の趣旨を示す文章をA2の中に400字以内でまとめ，応募フォームに記入すること．ポートフォリオの返却は行わない．

■コンペティションについて
募集者が超過した場合，コンペティション形式で選定することがある．この時は立体物の提出やポートフォリオ以外の提出を許可する．コンペティションの詳細は審査結果通知時に発表する．
作品はコンペティション終了後直ちに返却する．

■応募作品の取り扱い
本選定以外の使用は致しません．
作品は丁寧に保管します．
配送等による作品の破損等に関しては一切の責任を追い兼ねます．

■応募期間
2023年4月11日〜7月21日 (必着)

〒116-0012
東京都荒川区東尾久8丁目45-4 生業選定部

■審査結果通知
2023年8月7日

■お問い合わせ
nariwai@jouhousouzouchikutantousha.com

設計主旨　設計敷地尾久は町工場が盛んである。町工場の住工積層型、増減築、屋外階段といった特異な空間構成は生活感を匂わせ、ものづくりの活気を纏う。そんな町工場をロールモデルとした空間を図書館に併設させ、"ものづくりの技術を尾久で磨くこと"、"技術を図書館内で還元すること"など、条件付きで若者に貸し出す。我々は図書館とものづくり文化が交錯するこの空間を、情報創造地区生業と名づける。これは、ものづくりを生業とすることに野心を燃やす若者たちが繰り広げる文化の持続可能な維持発展のための提案である。

設計課題名：これからのLibrary
プログラム：図書館兼集合住宅
敷　　　地：東京都荒川区東尾久8-45-4
制作期間：1カ月

荒川区の
町工場の現状

1.荒川区はものづくりが盛ん

順位		製造業 事業者数(A)	全産業 事業者数(B)	A/B(%)
1	墨田区	3,645	16,181	22.53
2	荒川区	2,077	9,645	21.53
3	葛飾区	3,172	17,779	17.84
4	大田区	4,933	30,463	16.19
5	足立区	3,674	25,751	14.27
	全国	493,380	5,453,635	9.05
	東京都	50,051	627,357	7.98

全事業に占める製造業の事業者数の割合が23区で2位

2.町工場は存続の危機に。
今後（5年後まで）の事業承継、経営移転の予定

→後継者不足に悩まされている

町工場の
建築的特長

1.機能配置　2.外部階段の形式

住居 / 工場
積層型　内型型　併設型

3.バルコニー形式

一体型　増築型A　増築型B　複合型

4.増築

第n期
第1期　第2期

参考文献
*1 「厚生労働省」「東京の中小企業の現状（製造業編）」の更新
https://jsite.mhlw.go.jp/tokyo-roudou/k_yoku/content/contents/000990115.pdf
*2 「中小企業庁」中小企業白書
https://www.chusho.meti.go.jp/pamflet/hakusyo/2021/chusho/b2_3_1.html

住工一体空間による
持続可能なものづくり文化
の維持・発展

入居
選定
コンセプトボード
フォリオ提出
入居者募集
次世代がものづくりに興味
ものづくり文化の維持・発展
ものづくりの魅力を発信

尾久周辺の町工場・製造業者に弟子入り
ワークショップの開催
作品の展示
退去

町工場・製造業の承継
起業

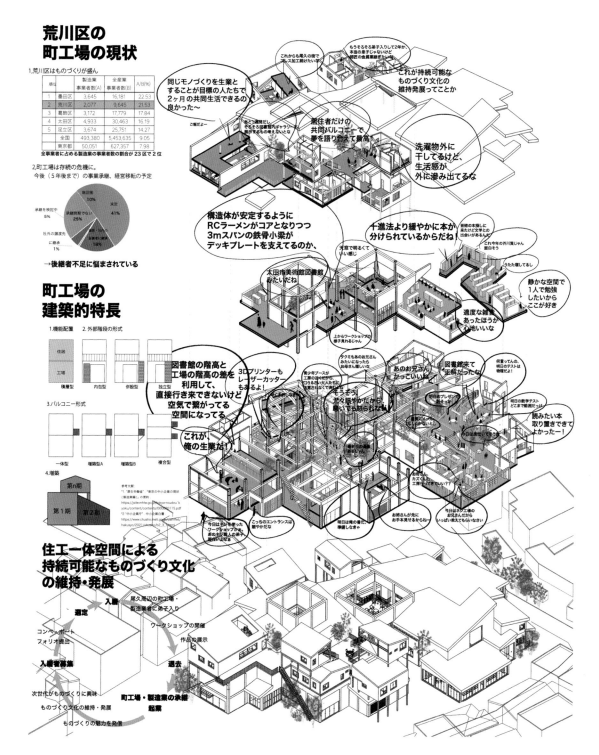

ふわり めぐる

近畿大学 建築学部 建築学科 3年
渡邉 芽
MEI WATANABE

ポラス賞
No.
0359

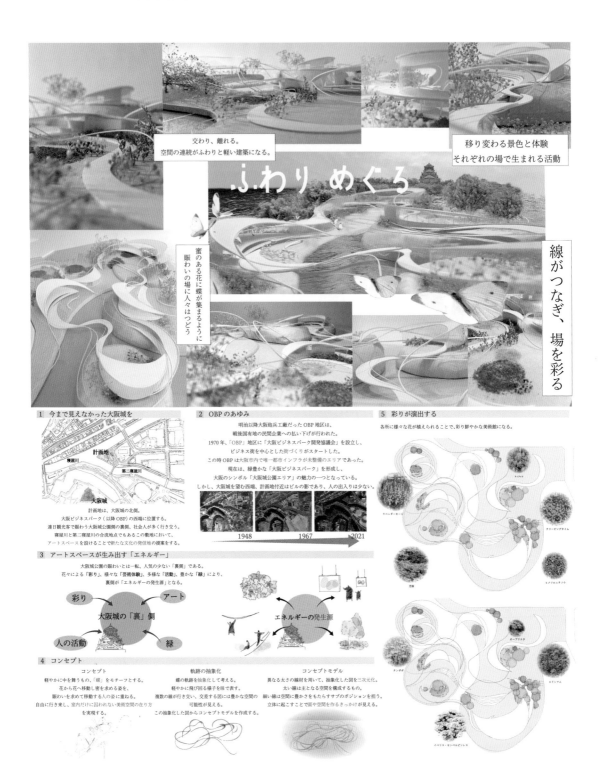

交わり、離れる。
空間の連続がふわりと軽い建築になる。

移り変わる景色と体験
それぞれの場で生まれる活動

ふわり めぐる

蜜のある花に蝶が集まるように
賑わいの場に人々はつどう

線がつなぎ、場を彩る

1 今まで見えなかった大阪城を

計画地
寝屋川
第二寝屋川
大阪城

計画地は、大阪城の北側。
大阪ビジネスパーク（以降 OBP）の西端に位置する。
連日観光客で賑わう大阪城公園側の裏側、社会人が多く行き交う。
寝屋川と第二寝屋川の合流地点でもあるこの敷地において、
アートスペースを設けることで新たな文化の発信地の提案をする。

2 OBP のあゆみ

明治以降大阪砲兵工廠だった OBP 地区は、
戦後国有地の民間企業への払い下げが行われた。
1970 年、「OBP」地区に「大阪ビジネスパーク開発協議会」を設立し、
ビジネス街を中心とした街づくりがスタートした。
この時 OBP は大阪市内で唯一都市インフラが未整備のエリアであった。
現在は、緑豊かな「大阪ビジネスパーク」を形成し、
大阪のシンボル「大阪城公園エリア」の魅力の一つとなっている。
しかし、大阪城を望む西端、計画地付近はビルの影であり、人の出入りは少ない。

1948　　1967　　2021

3 アートスペースが生み出す「エネルギー」

大阪城公園の賑わいとは一転、人気の少ない「裏側」である。
花々による「彩り」、様々な「芸術体験」、多様な「活動」、豊かな「緑」により、
裏側が「エネルギーの発生源」となる。

彩り　→　アート
大阪城の「裏」側
人の活動　→　緑

エネルギーの発生源

4 コンセプト

コンセプト
軽やかに中を舞うもの、「蝶」をモチーフとする。
花から花へ移動し蜜を求める姿を、
賑わいを求めて移動する人の姿に重ねる。
自由に行き来し、室内だけに囚われない美術空間の在り方を
実現する。

軌跡の抽象化
蝶の軌跡を抽象化して考える。
軽やかに飛び回る様子を線で表す。
複数の線が行き交い、交差する図には豊かな空間の
可能性が見える。
この抽象化した図からコンセプトモデルを作成する。

コンセプトモデル
異なる太さの線材を用いて、抽象化した図を三次元化。
太い線は主となる空間を構成するもの。
細い線は空間に豊かさをもたらすサブのポジションを担う。
立体に起こすことで面や空間を作るきっかけが見える。

5 彩りが演出する

各所に様々な花が植えられることで、彩り鮮やかな美術館になる。

ラベンダーヒデコ
クリーピングタイム
芝桜
ヒメツルニチソウ
オキザリス
タンポポ
スギゴケ
イベリス・センペルビレンス

設計主旨　ビジネス街における美術館に求められるもの、それは軽さであると考える。蝶は蜜のある花に集まる。人は賑わいのある場に集まる。花から花へ自由に動く蝶のように、気軽に足を運べるアートスペースをつくることで大阪城下に彩りを。いくつもの線が交わり、離れることで生まれる空間の連続で歩くたびに景色の移ろう美術館になる。大胆に敷地に入り込む水の動線により人と河川の距離が縮まり、水の都大阪における美化意識の発源となる。3つの島にかかるフレームが、空間、時間、人をふわりと結ぶ、自由な創造の場を提案する。

設計課題名：美術館
プログラム：美術館とその周辺ランドスケープ
敷　　地：大阪ビジネスパーク
制作期間：4カ月

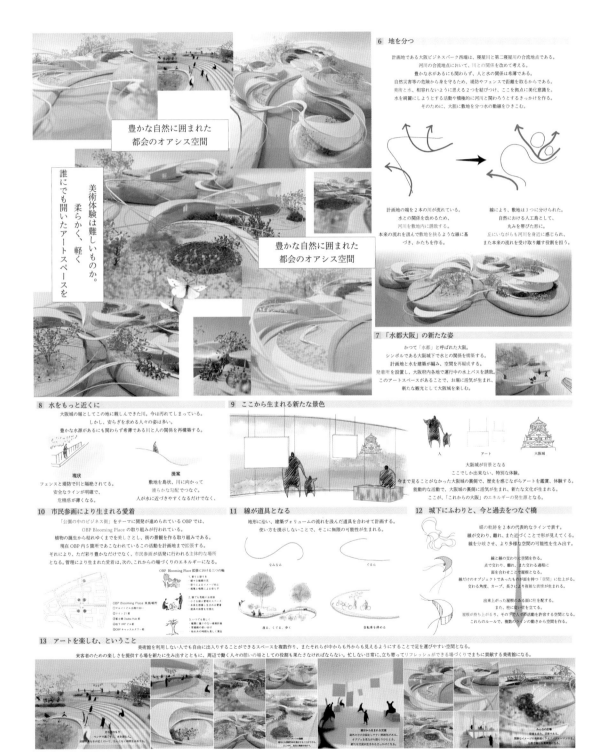

豊かな自然に囲まれた都会のオアシス空間

美術体験は難しいものか。柔らかく、軽く誰にでも開いたアートスペースを

豊かな自然に囲まれた都会のオアシス空間

6　地を分つ

計画地である大阪ビジネスパーク西端は、寝屋川と第二寝屋川の合流地点である。
河川の合流地点において、川との関係を改めて考える。
豊かな水があるにも関わらず、人と水の関係は希薄である。
自然災害等の危険から身を守るため、堤防やフェンスで距離を取るからである。
美術と水、相容れないように思える2つを結びつけ、ここを拠点に美化意識を。
水を綺麗にしようとする活動や積極的に河川に関わろうとするきっかけを作る。
そのために、大胆に敷地を分つ水の動線をひきこむ。

計画地の端を2本の川が流れている。
水との関係を改めるため、河川を敷地内に誘致する。
本来の流れを汲んで敷地を抉るような線に基づき、かたちを作る。

線により、敷地は3つに分けられた。
自然における人工島として、丸みを帯びた形に。
丘にいながらも河川を身近に感じられ、また本来の流れを受け取り離す役割を担う。

7　「水都大阪」の新たな姿

かつて「水都」と呼ばれた大阪。
シンボルである大阪城下で水との関係を構築する。
計画地と水を建築が編み、空間を再編成する。
発着所を設置し、大阪府内各地で運行中の水上バスを誘致。
このアートスペースがあることで、お堀に活気が生まれ、新たな観光として大阪城を楽しむ。

8　水をもっと近くに

大阪の堀としてこの地に親しんできた川。今は汚れてしまっている。
しかし、安らぎを求める人々の姿は多い。
豊かな水源があるにも関わらず希薄である川と人の関係を再構築する。

現状
フェンスと堤防で川と隔絶される。
安全なラインが明確で、危機感が遠くなる。

提案
敷地を島状に、川に向かって滑らかな勾配でつなぐ。
人が水に近づきやすくなるだけでなく、

9　ここから生まれる新たな景色

大阪城が背景となる
ここでしか出来ない、特別な体験。
今まで見ることがなかった大阪城の裏側で、歴史を感じながらアートを鑑賞、体験する。
能動的な活動で、大阪の裏側に活気が生まれ、新たな文化が生まれる。
ここが、「これからの美術館」のエネルギーの発生源となる。

人　アート　大阪城

10　市民参画により生まれる愛着

「公園の中のビジネス地」をテーマに開発が進められているOBPでは、OBP Blooming Placeの取り組みが行われている。
植物の誕生から枯れゆくまでを美しさとし、街の景観を作る取り組みである。
現在OBP内5箇所であらこなわれているこの活動を計画地まで拡張する。
それにより、ただ彩り豊かなだけでなく、市民参画が活発に行われる主体的な場所となる。管理により生まれた愛着は、次の、これからの場づくりのエネルギーになる。

11　線が道具となる

地形に沿い、建築ヴォリュームの流れを汲んだ道具を合わせて計画する。
使い方を提示しないことで、そこに無限の可能性が生まれる。

なみなみ　くるん

12　城下にふわりと、今と過去をつなぐ橋

蝶の軌跡を2本の代表的なラインで表す。
線が交わり、離れ、また近づくことで形が見えてくる。
線を分続させ、より多様な空間の可能性を生み出す。

線との交わりと空間を作る。
点で交わり、離れ、また交わる過程に面を合わせると屋根となる。
線だけのオブジェクトであったものが形を持つ「空間」に仕上がる。
交わる角度、カーブ、長さにより複雑な表情が生まれる。

出来上がった屋根のある柱に川を配する。
また、柱に沿い傘を立てる。
屋根が持ち上がると、その下で人々の活動を許容する空間となる。
これらのルールで、複数のラインの動きから空間を作る。

13　アートを楽しむ、ということ

美術館を利用しない人でも自由に出入りすることができるスペースを複数作り、またそれらが中からも外からも見えるようにすることで足を運びやすい空間となる。
来客者のための楽しさを提供する場を新たに生み出すとともに、周辺で働く人々の思いの場としての役割も果たさなければならない。忙しない日常に、立ち寄ってリフレッシュができる場づくりでまちに貢献する美術館になる。

重層的共生
〜レイヤ化された絵画的水族館の提案〜

日本大学 理工学部 海洋建築工学科 3年

菊池 康太
KOTA KIKUCHI

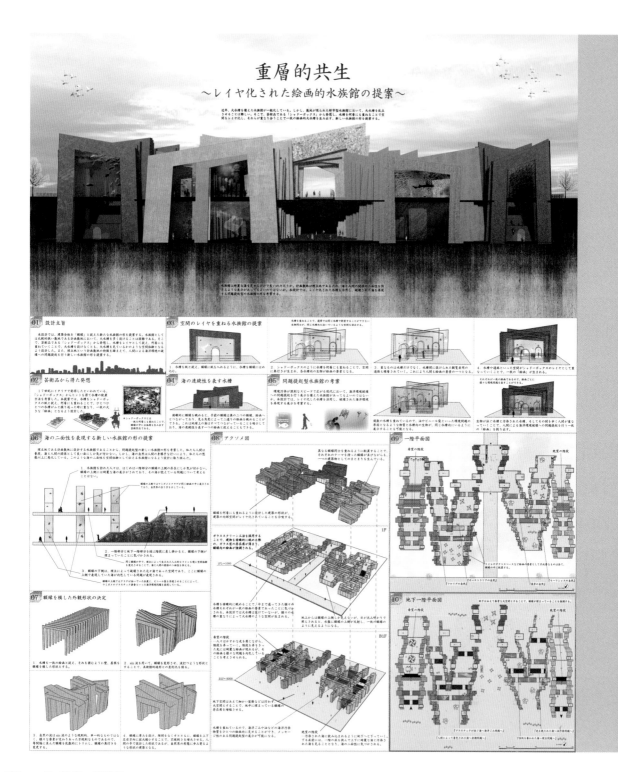

設計主旨　近年、大水槽を備えた水族館が一般化している。しかし、敷地が限られた都市型水族館において、大水槽を乱立させることは難しい。そこで、芸術品である「シャドーボックス」から発想し、水槽を何層にも重ねることで空間をレイヤ化し、それらが重なり合うことで一枚の絵画的大水槽を生み出す、新しい水族館の形を提案する。加えて、埋立地であるという敷地特性を踏まえて、レイヤ化された水槽を活用し、破壊された海を再現する。海と人間の関係の二面性を表現する絵画的大水槽を創り出すことで、問題提起型の水族館としての機能も果たす。

設計課題名：水族館
プログラム：水族館
敷　　　地：神奈川県横浜市神奈川区横浜港瑞穂埠頭
制作期間：1カ月

Uplift Books

工学院大学 建築学部 建築デザイン学科 3年
三上 翔三
SHOZO MIKAMI

Uplift Books

街と暮らしを豊かにする「食と暮らし」がテーマの本屋さん。
コーヒー、カフェラテ、焼菓子を片手にゆったりと体験や読者ができる。
「回遊する本棚」を追うことで、2つの異なる空間を行き来することができ、
知識の深度やアクティビティのギャップを体験することが、本を手にとるきっかけとなる。

南北方向の広域断面図

設計課題名：カフェのある本屋
プログラム：商業施設
敷　　　地：東京都目黒区青葉台
制作期間：2カ月

設計主旨　計画敷地は、目黒川沿い側の賑やかな雰囲気と住宅地側の閑静な雰囲気に挟まれた性質があり、対岸の台地に対峙する立地でもあった。そこで、地面を立ち上げるようにして斜面をつくり、上下に敷地前後の異なる空間を内包する形式が生まれた。斜面上は、賑やかで知識の深度の浅い本が置かれた小屋的な空間であり、斜面下は静かで専門的な本を扱う洞窟的な空間である。これらをつなぐ「回遊する本棚」を追うことで、2つの異なる空間を行き来しアクティビティや知識の深度のギャップを体験することで、本と接する時間を楽しんでいただきたい。

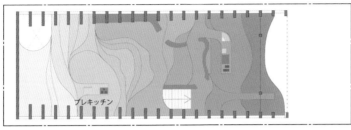

平面図 (レベル +9000)

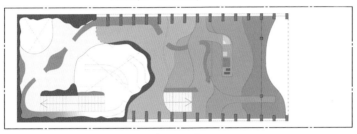

平面図 (レベル +3800)

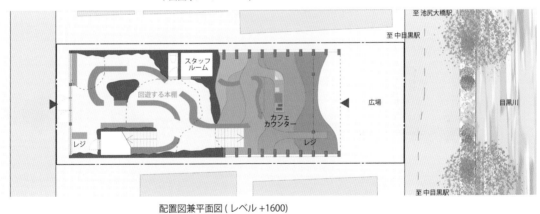

配置図兼平面図 (レベル +1600)

長手方向断面図

佳作
No.
0040

参道を熟成す
―新たな世界観の表出・価値観の共有を誘発する表現帯―

法政大学 デザイン工学部 建築学科 3年
清水 大暉
DAIKI SHIMIZU

参道を熟成す

－新たな世界観の表出・価値観の共有を促す表現帯－

表参道に息づいた個性的な人々の内実、理想的な姿が、各々の住戸の
ハーフビルド部（表現帯）を軸として露呈し始める。
そして、それらがこの集合住宅を通じて集結した時、さらなる偶発的
な存在態を放つことを期待している－

00. 魅せる住宅と都市への発信力

独自の世界観を表現し、多様なインスピレーションを受けながら洗練されていく。外部からの視線
など、見られる刺激によって、「街に対して」や「見てくれる人のため」に空間を構成するように
なるのではないかと考える。このことが、住宅から都市に対して、人々の能動性を発信させる小さ
な一歩になるのではないか。

01. 流行発信地　表参道　敷地：渋谷区神宮前（現コープオリンピア）

電線の地下化や、同潤会アパートの建設、ケヤキ並木の再生など、さまざまな社会的事象を人の手が加わり変容しながら乗り越えていく土地である「参
道」。しかし裏を返すと、「参道」という軸に付随した、即物的な場の集まりと捉えることもでき、かつての住宅街を思い起こさせるスケール感は後退
してしまったように思える。この即物的な場の集合体で、人々の個性・思想が溢れ出すことで、少しずつ人々の理想や夢の集まりに変化していくことを考

表参道界隈の新計画以上り、建物高さが
30mに憂える｜かつての住宅スケールの保存｜住宅スケールの表出 ハーフビルドのエレメント 傾斜の使われ方、奥行き性｜原宿駅前の工夫

05. 空間構成　階層とターゲット

低層から中層にかけては、既存店舗、テナントショップ、ファッション関係者や芸能界を志す人、インスタグラマーなどの表現者をターゲットとして設計した。上層階に
なるにつれて表現帯の割合が減り、住居者層も変化していく。7-9 階の上層階ではガーデニングを楽しむ人や、収入の安定した老夫婦などをメインターゲットとしている。

□a-a' 断面図

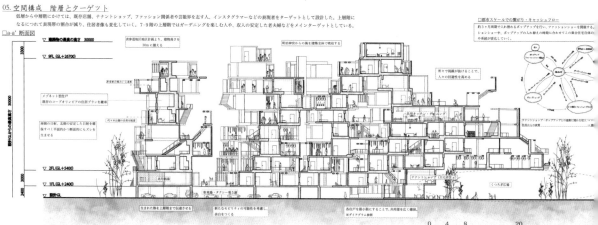

住居同士にズレや、隙間を設けることにより、自己の空間領域を確立にする。また、そこが光や風、視線の通り道となる。

設計主旨
己の奥底に沈む表現力を存分に発揮でき、それが立面として立ち現れる建築があったら面白いのではないか。各住戸にハーフビルドを誘発させる「表現帯」を設け、自己の思想、世界観が一つの建築の立面となり都市に立ち現れる。また、表現帯同士を多様なバリエーションで組み合わせることで、多様な世界観が少しずつ干渉し、新たな価値観を生む。―そしてそれらがこの集合住宅を通して集結した時、さらに爆発的な存在感を放つことを期待する―

設計課題名：集合住宅　リビングストラクチャー
プログラム：集合住宅
敷　地：東京都渋谷区神宮前（旧コープオリンピア）
制作期間：1.5カ月

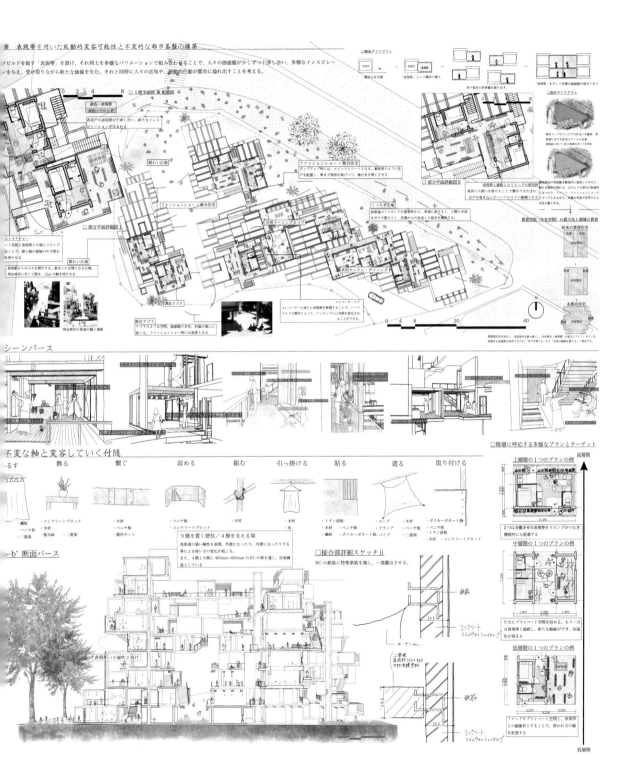

水育館
―海を育てる水族館―

日本大学 理工学部 海洋建築工学科 3年

姫野 由衣
YUI HIMENO

水育館
海を育てる水族館

00 Period 横浜の遷移

- 人々は、海と密接に関わっていた
- 1945 藻場埋頭 完成
- 1955 高度経済成長期

- 1973 藻場の喪失。魚の減少。
- 高層ビル建設…

- 水質汚染… 魚いない…
- 人々は海との関係は希薄化に…
- 2006 ハマウィング 完成

- 環境開発に取り組む
- 20XX 海の再生。かつての姿に。

01 Site 混ざり合う敷地　瑞穂埠頭　神奈川県横浜市神奈川区

かつて…
藻場が多くあり、魚が豊富に存在していた。
人々は、漁業や海苔の養殖を行い、海と密接
な関係にあった。

現在…
沿岸開発の埋め立てによる、透明度の低下・
化学物質の流入・磯焼けで藻場が喪失。
魚が見られなくなり本来の自然が失われる。

02 Locality 横浜の地域性と瑞穂埠頭の地域性

02-1 横浜の環境取り組み
ブルーカーボン
プロジェクト

環境教育　藻場再生

「ブルーカーボン」「ブルーリソース」
「親しみやすい海づくり」の3つに分類。
環境問題に取り組んでいる。

02-2 瑞穂埠頭の砂資源

保管された建設用資材の砂を利用。
砂を運搬する手間を省き、公共埠頭の
面影を残す。

02-3 瑞穂埠頭のこれから

返還された後、瑞穂埠頭は環境に
適した未来の象徴となる。

03 Problem 水族館の今と未来

03-1 従来の水族館のかたち

集客のための展示

せまいよ…

変化がない…

いつ見ても同じ…

一度来ればしばらくいいかな…

03-2 目指していく水族館のかたち

建物自体に存在意義
海を水槽に見立てる

一種の環境装置になる

藻場の研究施設になる

最初は何もない

変化が楽しめる

環境を学べる

魚が増えた！

04 Method 海のゆりかごを作る

アマモ成長サイクル
瑞穂埠頭の砂を敷き詰める

建物に砂とアマモが定着したネットを張る

回収したネット

3~6月

段々とアマモが再生していく

アマモが定着したら
ネットごと回収

2~6月

年間アマモ育成法

10~2月

移し替えやすいよう
ネットをしいておく

枯れたアマモか
また種が出る

栄養生殖期
3~6月　生殖期　7~9月

成熟期　1~2月

実生期

瑞穂埠頭の砂を使う…

太陽の光が必要…

10~2月
2~6月

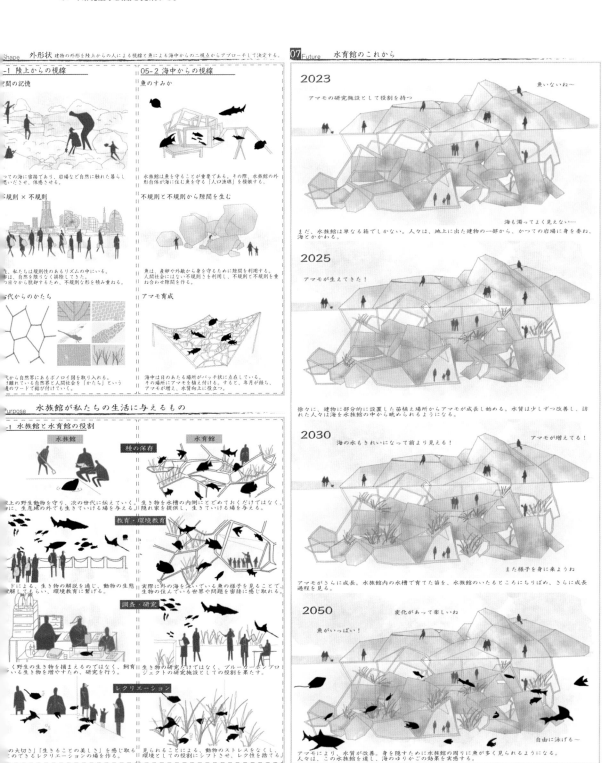

設計主旨　19世紀以降、人々から親しまれてきた水族館。その展示方法は時代とともに変化している。しかし、近年のものはただの魚を展示した箱にすぎない。戦後、在日米軍に占拠された「瑞穂埠頭」と、横浜の回遊性のある「街」を連携させ、新たな文化的、商業的価値を生む水族館は横浜の新たな象徴となっていく。そこで、水族館そのものが巨大な環境装置の役割を持ち、海を水槽に見立て、かつての横浜のアマモ場を再生することによって徐々に改善していく水質により、時代とともに魚が増え、価値を高めていく環境型水族館を提案する。

設計課題名：水族館
プログラム：レジャー施設
敷　　地：神奈川県横浜市神奈川区 瑞穂埠頭
制作期間：1カ月

外形状　建物の外形を陸上からの人による視線と魚による海中からの二視点からアプローチして決定する。

05-1 陸上からの視線

空間の記憶

不規則×不規則

現代からのかたち

05-2 海中からの視線

魚のすみか

水族館は魚を守ることが重要である。その際、水族館の外形自体が海に住む魚を守る「人口漁礁」を模倣する。

不規則と不規則から隙間を生む

魚は、産卵や外敵から身を守るために隙間を利用する。人間社会にはない不規則さを利用し、不規則と不規則を重ね合わせ空間を作る。

アマモ育成

海中は日のあたる場所がパッチ状に点在している。その場所にアマモを植え付ける。すると、年月が経ち、アマモが増え、水質向上に役立つ。

水族館が私たちの生活に与えるもの

06-1 水族館と水育館の役割

水族館　　　　水育館

種の保存

教育・環境教育

調査・研究

レクリエーション

07 Future　水育館のこれから

2023

アマモの研究施設として役割を持つ

魚いないね～

まだ、水族館は単なる箱でしかない。人々は、地上に出た建物の一部から、かつての岩場に身を委ね、海とかかわる。

海も濁ってよく見えない……

2025

アマモが生えてきた！

徐々に、建物に部分的に設置した苗植え場所からアマモが成長し始める。水質は少しずつ改善し、訪れた人々は海を水族館の中から眺められるようになる。

2030

海の水もきれいになって前より見える！

アマモが増えてる！

アマモがさらに成長。水族館内の水槽で育てた苗を、水族館のいたるところにちりばめ、さらに成長過程を見る。

また様子を見に来ようね

2050

変化があって楽しいね

魚がいっぱい！

アマモにより、水質が改善。身を隠すために水族館の周りに魚が多く見られるようになる。人々は、この水族館を通し、海のゆりかごの効果を実感する。

自由に泳げる～

佳 作
No.
0224

早稲田大学 創造理工学部 建築学科 3年
一杉 健洋
TAKEHIRO ICHISUGI

内なる美を引き出す

Site

敷地は東京都千代田区北の丸公園1に位置する。皇居外苑の北の丸公園脇のこの地は、東京中心の文化施設群が集まる場所である。この付近には江戸城を囲む濠が現存し、その姿を今に引き継いでいる。東側にある竹橋駅からの人の流れが多く、観光客や家族連れでにぎわう。この敷地に芸術家イサム・ノグチ（Isamu Noguchi, 1904-1988）の15作品を展示するための美術館を設計する。

Isamu
Noguchi
1904-1988

城内と城外の
境界としての濠

Method

掘る ～内なる美を引き出す～

ほることで光や風をやわらげ、イサムノグチの作品群と向き合い没入できる個別の空間をつくり、来場者は1対1で作品と向き合う。その際、掘る角度により太陽光や風などの自然的要素を操作する。イサムノグチの宇宙観を作品の幻想性に基づいて光の調整により行う。また、その空間では彫刻作品を360度から見ることができる。掘り方は高さのひとつの基準となる等高線に対して垂直にしたり、平行にしたりして圧迫感や静けさなどを操作する。

閉鎖的な空間

開放的な空間

孤独な空間

盛る ～内なる美をうちはなつ～

ほることにより盛るという工程が生まれる。盛り上げた空間では視覚的に外界とつながる。盛った場所は外界との軸線により設計する。

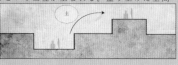

Propogram

濠を持つ美術館 ～境界を作り出す濠～

濠によりイサムノグチの世界と外界とが分けられる。かつて濠が移動のツールとして使われていた。濠の部分は通路となり、人を流す。通路と展示室を分け、展示室に出入りする手間をかけることで1つ1つの作品と向き合い、作品に集中できる空間ができる。そこで展示室で作品からインスピレーションを受けた来場者が濠の通路で新たな美術の創出に取り組めるようなアクティビティが行える場を設ける。

イサムノグチの世界
新しい美術の創出エリア
外界

通路　展示室

-イサムノグチの世界-

展示室の壁を斜めにする操作をすることで作品の背景や素材、モジュールをもとにそれぞれの展示空間に個性を持たせ、広さや深さを変えて、不均質な空間を提供することで作品と1対1で向き合うことができる。

-新しい美術の創出エリア-

従来の美術館とは違い、濠の中に体験、学習、参加の活動ができる空間をつくる。来場者濃く空間で美術観を刺激される。

濠の階段が時には椅子となり人が集う

設計主旨：「彫刻」における「彫る」という行為は「内なる美を引き出す」という効果を持つ。「建築」においてこれを応用することで「ほる」ことで「うちにある作品が来場者に影響を与える」空間をつくり出す。イサム・ノグチはさまざまな作品にインスピレーションを受け、新たな作品を創り出していた。(例：岐阜提灯→AKARI)この美術館では来場者にイサム・ノグチの作品からインスピレーションを受けてもらうことで、作品から学び、新たな美術の創出につなげることを目指す。

設計課題名：イサム・ノグチ美術館
プログラム：美術館
敷　　地：東京都千代田区北の丸公園 1
制作期間：2ヵ月

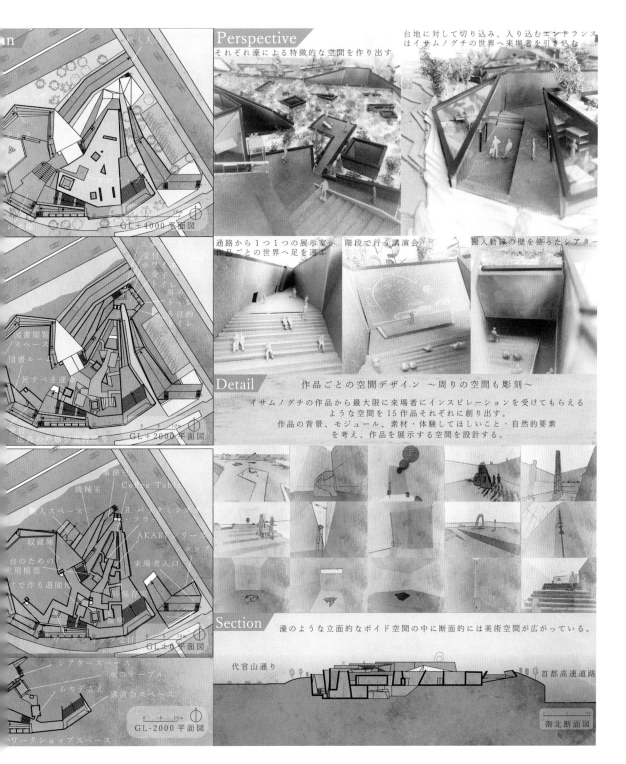

Perspective
それぞれ濠による特徴的な空間を作り出す

台地に対して切り込み、入り込むエントランスはイサムノグチの世界へ来場者を引き込む

通路から1つ1つの展示室へ　階段で行う講演会　搬入動線の壁を使ったシアター
作品ごとの世界へ足を運ぶ

GL＋4000 平面図

GL＋2000 平面図

Detail　作品ごとの空間デザイン ～周りの空間も彫刻～
イサムノグチの作品から最大限に来場者にインスピレーションを受けてもらえるような空間を15作品それぞれに創り出す。
作品の背景、モジュール、素材・体験してほしいこと・自然的要素を考え、作品を展示する空間を設計する。

GL±0 平面図

Section　濠のような立面的なボイド空間の中に断面的には美術空間が広がっている。

代官山通り　　　　　　　　　　　　　　　　　　　　首都高速道路

GL-2000 平面図

南北断面図

佳作
No.
0525

自然を伝う

関東学院大学 建築・環境学部 建築・環境学科 3年

渡部 壮介
SOSUKE WATANABE

子供たちの発想や創造性は、いつも大人の想像を超えてくる。自然的な要素を建築に取り入れ、偶発的な場を作り出すことで遊びの幅を広げる。尾根や屋根、丘やガラスの壁など様々な要素が影響しあい、自由で自然的な遊び場が生まれる。

■インスタレーション

自然物が持つ凹凸や湾曲などのランダム性のあるものを用いインスタレーションすることで新しい空間が生まれ、子供たちの遊び場となるのではないか。

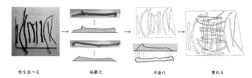

枝を並べる　　抽象化　　平面化　　重ねる

■分析と展開

インスタレーションによって自然的な特徴が現れる。

1)尾根に囲まれた空間　　(2)多様な高低差　　(3)荒々しい壁面

■空間の作り方

尾根をまた強ぐように屋根をかける。大きい尾根は空間を区切り、小さな丘や尾根は室内に入り込み、子供達が遊んだりくつろいだりする場になる。

■多様な傾斜

ランダムな傾斜が至る所に生まれる。階段になっていたり、緩やかなスロープになっていたり、滑り降りることができる坂になっていたりする。

■小さな世界

尾根で囲まれた空間は子供達にとって外部から切り取られた遊びの世界となる。それぞれで違う遊びができる世界を尾根の下を潜って渡り歩く。

■尾根の侵食

給食室　　　　　　　多目的室

こどもたちの発想や創造性は、いつも大人の想像を超えてくる。こどもたちの可能性を許容するには、こども園とは予定調和的な建築ではなく、偶然性に溢れた場所であるべきではないか。敷地に落ちていた枝と葉からインスタレーションを行い、自然的な歪みや荒さを建築に反映させる。それによって生まれた丘や尾根は屋内外関わらず偶発的な場を生み出し、遊びの幅を広げる。

設計課題名: 公園と共にある"こども園"
プログラム: こども園
敷　地: 横浜市金沢区柳町1-3
制作期間: 2カ月

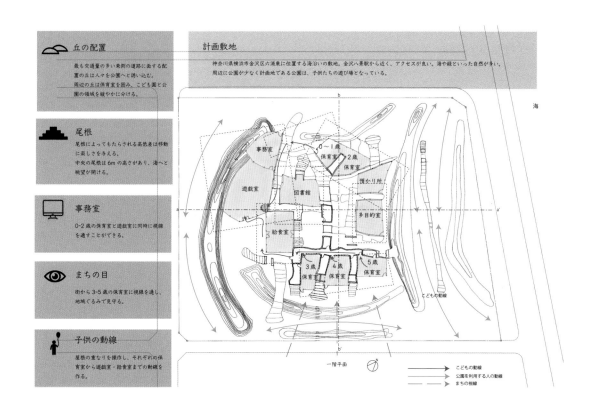

丘の配置

最も交通量の多い東側の道路に面する配置の丘は人々を公園へと誘い込む。
周辺の丘は保育室を囲み、こども園と公園の領域を緩やかに分ける。

尾根

尾根によってもたらされる高低差は移動に楽しさを与える。
中央の尾根は6mの高さがあり、海へと眺望が開ける。

事務室

0-2歳の保育室と遊戯室に同時に視線を通すことができる。

まちの目

街から3-5歳の保育室に視線を通し、地域ぐるみで見守る。

子供の動線

屋根の重なりを操作し、それぞれの保育室から遊戯室・給食室までの動線を作る。

計画敷地

神奈川県横浜市金沢区六浦東に位置する海沿いの敷地。金沢八景駅から近く、アクセスが良い。海や緑といった自然が多い。周辺に公園が少なく計画地である公園は、子供たちの遊び場となっている。

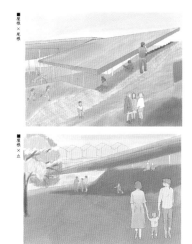

石井秀幸賞
No.
0166

海脈を紡ぐ
―海と人と生き物が紡ぎゆく横浜の物語―

日本大学 理工学部 海洋建築工学科 3年
若松 瑠冴
RYUGO WAKAMATSU

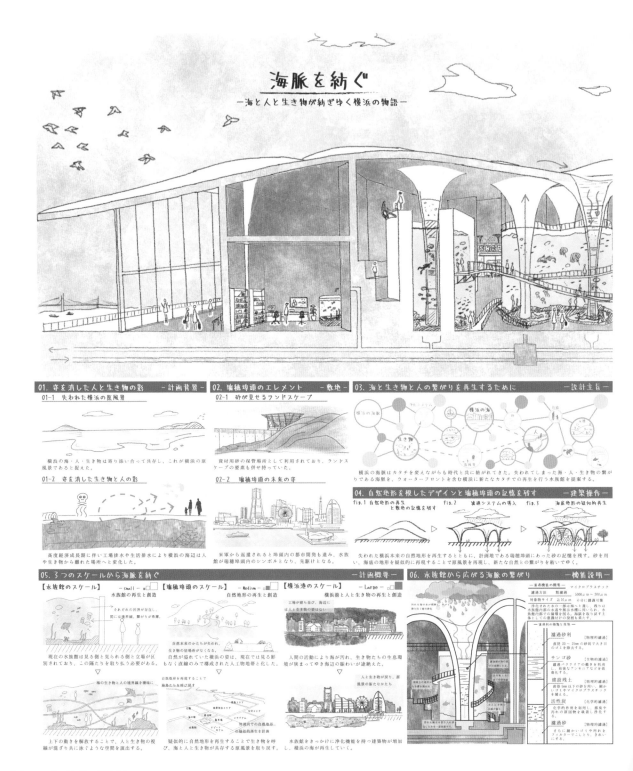

設計課題名：水族館
プログラム：水族館
敷　　地：神奈川県横浜市神奈川区瑞穂町瑞穂埠頭
制作期間：1カ月

設計主旨　かつて横浜の海では沿岸漁業や海苔養殖が繁栄し、海と生き物と人々は共存していた。しかし高度経済成長期の技術の発展に伴い、水質汚染や埋め立て地の増加により自然が喪失し横浜の海のつながりは希薄化してしまった。また近年では海洋プラスチック問題により、海がゴミで溢れ生き物たちが餌と間違えて飲み込んでしまう事例も多数見られる。この提案は時代とともに変化し紡がれてきた横浜の海・人・生き物のつながりを海脈と称し、三つのスケールからウォーターフロントを纏う横浜の新たな海脈と芽生えを紡ぐ水族館の提案である。

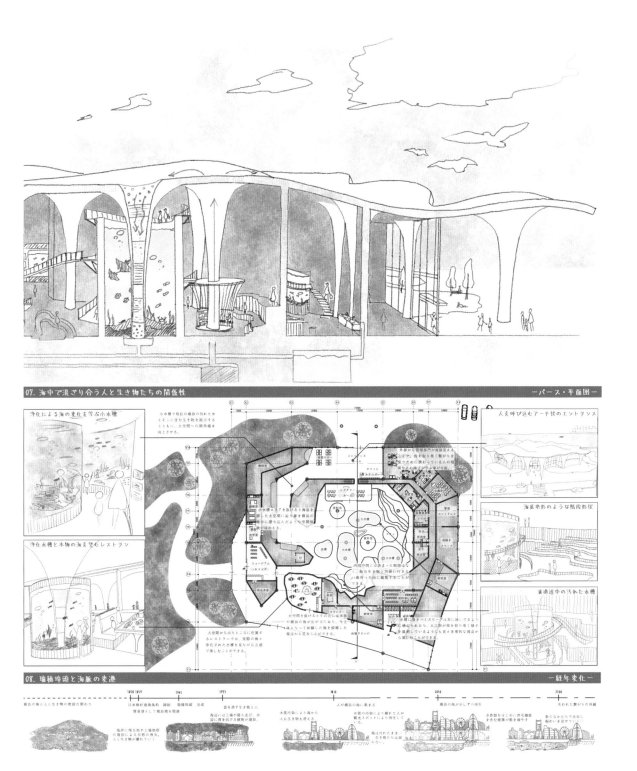

07. 海中で混ざり合う人と生き物たちの関係性　　　　ーパース・平面図ー

08. 瑞穂埠頭と海脈の変遷　　　　ー経年変化ー

点とふち
―変化する境界の中で―

早稲田大学 創造理工学部 建築学科 3年
牧田 紗英
SAE MAKITA

敷地のある広尾は大使館が多く存在し、外国人が多く見られる。
国際性を考える上で国という境界により差異を理解することが重要であ
国という限られた枠だけでなく多様なスケールで他者と関わり
関係性が変化していくことでより深い理解を得られる。

過ごす中で境界が多様に変化していく空間により、
他者との関係のスケールを考えるきっかけを与える図書館を提案する。

設計手法

広場や公園では明確な壁は存在しないが、広場で過ごす人々は自然と自分の居場所を見つけてそれぞれの領域を持つ。
その領域を生んでいる境界を分析すると、人工物が生む境界、自然が生む境界、人が生む境界があるとわかった。
さらに境界はふち型の境界と点型の境界の二つのパターンに分けられる。

ふち型の境界：囲ったり分けたりする明確に決まる境界　　　　　点型の境界：ものや人から拡がっていく境界。範囲は不確定であり、境界は主観的に決まる

広場に見られる境界を図書館に転用し、ふち型の境界と点型の境界がぶれながらも重なり合い多様な境界をうむ空間を設計する。

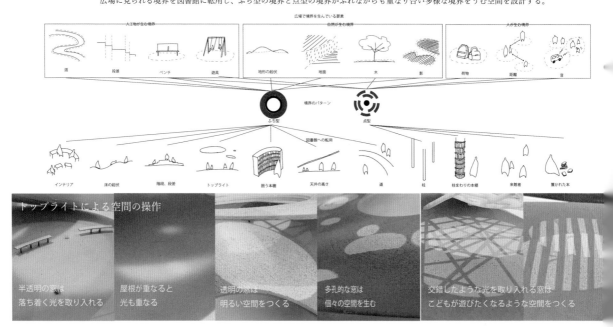

トップライトによる空間の操作

半透明の窓は
落ち着く光を取り入れる

屋根が重なると
光も重なる

透明の窓は
明るい空間をつくる

多孔的な窓は
個々の空間を生む

交錯したような光を取り入れる窓は
こどもが遊びたくなるような空間をつくる

設計課題名：Tokyo International Learning
　　　　　　Commons
プログラム：図書館
敷　　地：港区南麻布4丁目
制作期間：2カ月

設計主旨　敷地のある広尾は大使館が多く存在し、外国人もまちで多く見かける。国際性を考える上で国と国という境界により差異を理解することが重要である。国という限られた枠だけでなく多様なスケールの枠で他者との関係性が変化していくことでより深い理解を得られる。広場空間に見られる二種類の境界に着目し、境界が多様に変化していき他者との関係を考えるきっかけを与える図書館を提案する。

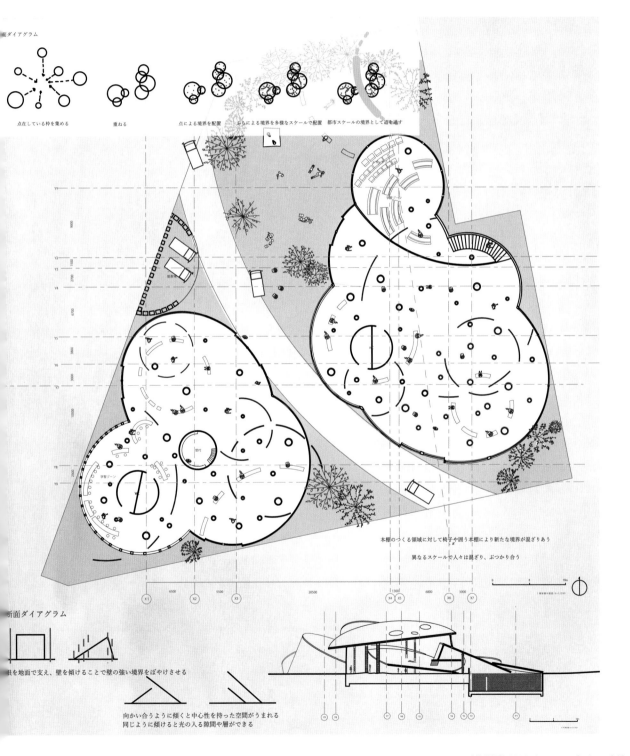

平面ダイアグラム

点在している枠を集める　　重ねる　　点による境界を配置　ふちによる境界を多様なスケールで配置　都市スケールの境界として道を通す

本棚のつくる領域に対して椅子や囲う本棚により新たな境界が混ざりあう

異なるスケールで人々は混ざり、ぶつかり合う

断面ダイアグラム

壁を地面で支え、壁を傾けることで壁の強い境界をぼやけさせる

向かい合うように傾くと中心性を持った空間がうまれる
同じように傾けると光の入る隙間や層ができる

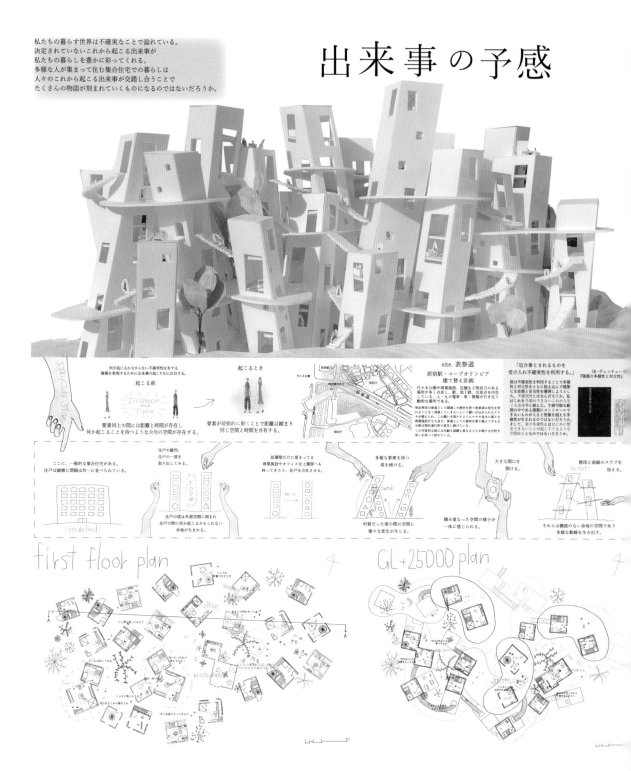

菅健太郎賞

No.
0162

法政大学 デザイン工学部 建築学科 3年
白﨑 暉
HIKARI SHIRASAKI

出来事の予感

私たちの暮らす世界は不確実なことで溢れている。
決定されていないこれから起こる出来事が
私たちの暮らしを豊かに彩ってくれる。
多様な人が集まって住む集合住宅での暮らしは
人々のこれから起こる出来事が交錯し合うことで
たくさんの物語が刻まれていくものになるのではないだろうか。

first floor plan

GL+25000 plan

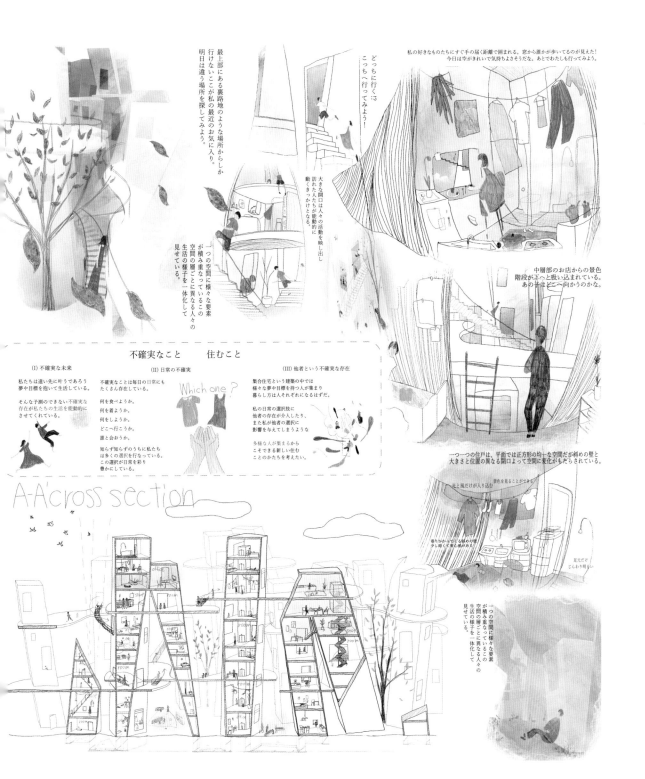

設計主旨　今日は何をしようか。何を着ようか。何を食べようか。どこへ行こうか。
私たちの暮らす世界は不確実なことで溢れている。
決定されていないこれから起こる出来事が私たちの暮らしを豊かに彩る。
多様な人が集まって住む集合住宅での暮らしは人々のこれから起こる出来事が交錯し合いたくさんの物語が刻まれていくものではないだろうか。

設計課題名：集合住宅　リビングストラクチャー
プログラム：集合住宅
敷　地：表参道　コープオリンピア
制作期間：2カ月

不確実なこと　　住むこと

(I) 不確実な未来

(II) 日常の不確実

(III) 他者という不確実な存在

A-A'cross section

冨永祥子賞
No.
0120

Footpath between rooms

東京理科大学 創域理工学部 建築学科 2年
知念 啓人
KEITO CHINEN

Footpath between rooms

暮らすための道。
それは、あぜ道のような物なのかもしれない。
水田を区切るという明確な役割を持ちながら、それ以上の価値を与えてくれる。
住む人、通る人にとって区切る以上の価値を生み出すことを目指した。

01 曲がり道と斜面地

敷地はありきたりな住宅が並ぶ斜面地の一角です。
ここに、新たに上下の道を結ぶ"あぜ道"を内包する住宅を建てることで、住宅街に個性を与えます。

02 曖昧な空間の提案

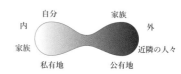

03 "あぜ道"を用いて空間を分節・結合

a
・視線が部屋の奥まで通る
・窓を開けると行き来できる

d
・視線が部屋の手前まで通る
・窓を開けると部屋が拡張する

b
・視線が部屋の奥まで通る
・互いの姿を認識できる
・行き来できない

e
・視線が部屋の手前まで通る
・"あぜ道"を吹き抜けのように感じる

c
・視線が通らない
・互いの姿は見えない
・気配を感じることが出来る

f
・視線が部屋の手前まで通る
・囲われたように感じる

設計主旨　暮らすための道。それは、あぜ道のような物なのかもしれません。あぜ道は水田を区切るという明確な役割を持ちながら、それ以上の価値を与えてくれます。住む人、通る人にとって区切る以上の価値を生み出す道を内包する住宅を設計しました。上下の道路を結ぶように"あぜ道"を配置し、各部屋は両側に並べています。断面的に見ると中央に共有空間を設け、それを上下で挟むように個人空間や風呂などの生活スペースを設けています。"あぜ道"を介して個人空間が繋がったり、同レベルの空間は拡張して使えたりすることを意識しています。

設計課題名：私の住まう将来の住宅
プログラム：住宅
敷　　　地：神奈川県藤沢市
制作期間：2カ月

04　"あぜ道"を介した豊かな風景

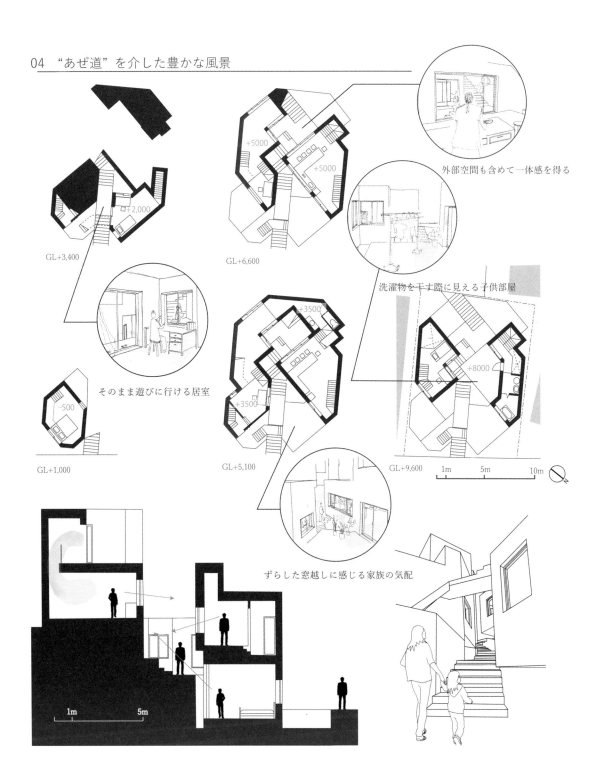

GL+3,400

GL+6,600

外部空間も含めて一体感を得る

洗濯物を干す際に見える子供部屋

そのまま遊びに行ける居室

GL+1,000

GL+5,100

GL+9,600

1m　5m　10m

ずらした窓越しに感じる家族の気配

1m　5m

壁にもたれかかる椅子

慶應義塾大学 環境情報学部 環境情報学科 3年
小栗 章太郎
SHOTARO OGURI

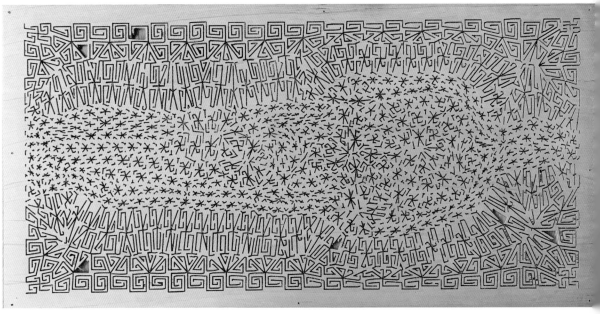

勤め先でも家でも立ち仕事が多く、一度腰を落ち着けると休みすぎてしまう母のために立ち仕事の合間に少し休憩できる椅子をつくりました。作業から作業へスムーズに移行しながらもひと息つける、立ちながら座ることができる椅子です。壁にもたれかかって体重をあずけようにも、実家の壁は土壁で、土が剥がれるのを避けるために寄りかかりたくても寄りかかることができません。そこで、3×6判合板1枚の椅子を壁として埋め込み、もたれかかると体重をあずけた部分だけが人型にたわむような仕掛けを考えました。

設計課題名：デジタルデザイン基礎
プログラム：椅子
敷　　地：—
制作期間：1カ月

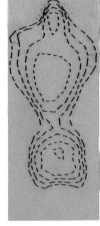

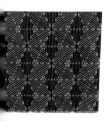

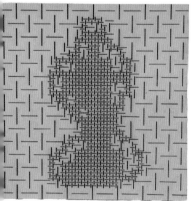

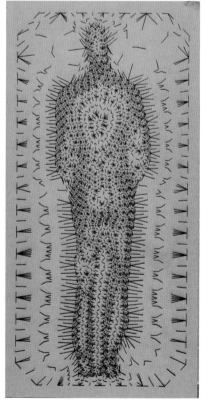

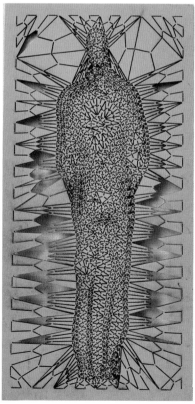

左ページ：ギャラリー
想定した利用風景（左上）、実際にもたれかかったときの様子（右上）と、最終作品（下）。

右ページ：スタディー模型
比較的容易にたわみを得るかたちとしてらせんに行き着きました。その後、らせんをどう人型に配置させるかの可能性を探りました。最終作品にはボロノイ分割を採用しています。

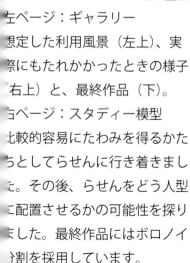

日野雅司賞
No.
0152

しおりの行方
－好きな空間を探し、気になる本を集め、見知らぬ人に届ける－

法政大学 デザイン工学部 建築学科 3年
柏木 宏太
KOTA KASHIWAGI

設計主旨　技術の発展で情報に容易にアクセスできるようになった現在、より機能的な電子媒体ではなく紙媒体を収蔵する図書館はどうあるべきであろうか。本提案では「個人の本棚」というシステムが偶然の本との出会いという図書館ならではの魅力的な体験を誘発し、閉架書庫をきっかけとした空間構成がその体験をより活発にする。あなたが好きな空間で見つけたその本棚はいつ、どんな人が何を考えてデザインしたのでしょうか。私はそんな想像膨らむ図書館で本と出会いたいのです。

設計課題名：What is a new Library?
プログラム：図書館
敷　地　：東京都神田神保町
制作期間　：1.5カ月

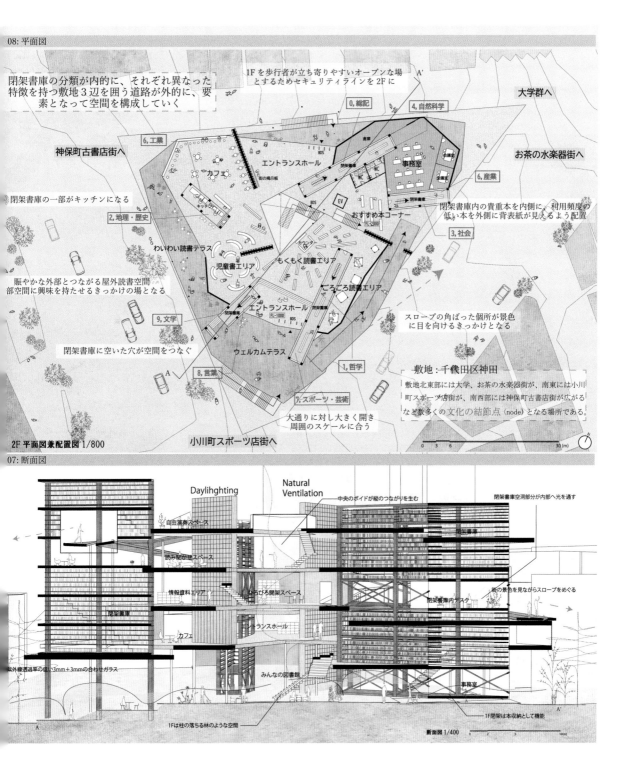

閉架書庫の分類が内的に、それぞれ異なった特徴を持つ敷地３辺を囲う道路が外的に、要素となって空間を構成していく

1Fを歩行者が立ち寄りやすいオープンな場とするためセキュリティラインを2Fに

大学群へ

神保町古書店街へ

お茶の水楽器街へ

閉架書庫の一部がキッチンになる

閉架書庫内の貴重本を内側に、利用頻度の低い本を外側に背表紙が見えるよう配置

賑やかな外部とつながる屋外読書空間
部空間に興味を持たせるきっかけの場となる

スロープの角ばった個所が景色に目を向けるきっかけとなる

閉架書庫に空いた穴が空間をつなぐ

敷地：千代田区神田
敷地北東部には大学、お茶の水楽器街が、南東には小川町スポーツ用品街が、南西部には神保町古書店街が広がるなど数多くの文化の結節点（node）となる場所である。

大通りに対し大きく開き周囲のスケールに合う

2F 平面図兼配置図 1/800

小川町スポーツ店街へ

07: 断面図

Daylihghting
Natural Ventilation

中央のボイドが縦のつながりを生む
閉架書庫空洞部分が内部へ光を通す

自由演奏スペース
読み聞かせスペース
情報資料エリア
閉架書庫
カフェ
ひろびろ閉架スペース
エントランスホール
みんなの図書館
1Fは柱の落ちる林のような空間
紫外線透過率の低い3mm+3mmの合わせガラス

閉架書庫
閉架書庫内デスク
街の景色を見ながらスロープをめぐる
事務室
1F閉架は本収納として機能

断面図 1/400

Selected 100 Works

100選

......

No.
0005

日本大学 理工学部
建築学科 3年
大塚 達哉
TATSUYA OTSUKA

鬩ぎ合い、交じり合い、揺さぶる建築
都市のハザマに住まう

従来の様に商業と住を別と捉えず、今回は建築のカタチによって、商業と住を同時にデザインする。都市に埋蔵した住空間のための豊かなオープンスペースと、都市に開放された商業空間のための豊かなオープンスペースが同時に共存して、同時に体験できる建築を提案する。

No.
0008

多摩美術大学 美術学部
環境デザイン学科 2年
沖山 侑太郎
YUTARO OKIYAMA

Claw

レベル、光、そして自然を掴む。レベル差と屋根傾斜により生まれるスリットから、刻一刻と変わる多様な光を取り込める。スリットは景色を切り取る役割も担い、多方面に渡る景色を楽しめる。自然と共にあり、レベルで居場所を、光で時を感じる、そんな建築である。

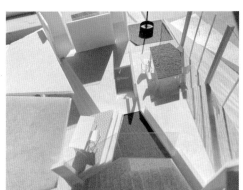

No.
0009

法政大学 デザイン工学部
建築学科 2年
惠良 明梨
AKARI ERA

継ぎはぎ芽を出す超芸術

機能に付随した暮らしに支配されている私たちは、常識に囚われ視野が狭まっている。子供の発想力、想像力が生かされる場で、超芸術トマソン的な無用物を散りばめることで機能を無くしたエレメントに一人一人が新たな用途を思考し付け足していく。多様な思考が無用を通して繋がり、響き、続いていく。

No.
0019

日本大学 生産工学部
建築工学科 3年
柴田 龍之介
RYUNOSUKE SHIBATA

都市と植物と私

都市と住空間にある境界を庭が曖昧にする。庭により壁が消え、住人との交流が始まる。住む人のための「庭」に多様な生活が溢れ都市と混ざり合い繋がる。

No.
0021

早稲田大学 創造理工学部
建築学科 3年
山口 篤
ATSUSHI YAMAGUCHI

輻射する学び
〜本の規格がモジュールとなった図書館〜

国際基準である本の規格をモジュールにした図書館を提案する。規格のみで分類され、分野や国籍を縛らないことで生まれる学びの偶発性。構造体の本棚が緩やかに形成する無国籍空間の全体性。本が抜かれていくにつれて、徐々に空間が滲み出し、学びが輻射していく。

No.
0024

東海大学 工学部
建築学科 3年
宮下 航希
KOUKI MIYASHITA

こどものいばしょ
〜スロープによる連続的な空間体験が導く おもちゃと公園のビル〜

こどもの城が閉館し、周囲の公園が遊びづらくなった今、青山に子供の居場所はほとんど無い。時が経つと共に子供達の遊び道具は、おもちゃから電子機器に変わっていった。今一度おもちゃの良さを発信し、スロープで子供達を誘い、新たに子供達の居場所を生み出す。

No.
0027

日本大学 理工学部
建築学科 3年
宮田 太郎
TARO MIYATA

玄関から境界が伸び縮みしていく暮らしと商い

お店前の玄関のような空間に外の環境を受け入れるような小さな風景がある。玄関やそのまわりを豊かにすることで、境界を立体的に拡張してみる。そうすることでどちらとも言えるような場所ができ、様々なふるまいを受け入れてくれるおおらかな建築を考えられないだろうか。

No.
0028

日本大学 理工学部
建築学科 3年
細野 開友
KAIYU HOSONO

わたしの暮らし、まちの風景
―原初的リサーチを手がかりとして―

資本主義の組織や情報化社会で生活する私たちは、生きる情熱を失ってしまった気がする。原初の世界では、人々の心は理性より感性によって動かされていた。彼らは自分を中心とした世界を可視化する地図を描いていた。今日、再び原初の世界に立ち戻り、生身で世界を見直すことにする。地図を手がかりに、このまちを支えている世界とは何かを探し、建築が建ちあがる。

No.
0033

早稲田大学 創造理工学部
建築学科 3年
荒井 百音
MONE ARAI

都市の残像
―「剥がす」ことで表出する世界の再構築―

計画敷地における政治性や歴史、意味性を覆い隠すかの如く、急速に進む近代化。既存の都市の地面を「剥がす」ことで生まれる空間を美術館として再構築し、これまで隠れていた世界を露呈させる。この美術館が、現代の都市や皇居のあり方を再考するための空間となる。

No.
0039

法政大学 デザイン工学部
建築学科 3年
田澤 雄太
YUTA TAZAWA

遊歩と偶発
―壁形態操作による体験と所有の図書館―

歩行が豊かになることで来訪者に探索・散策・創作を自然に促す。歩行の中で起こる紙本との出会いは"空間体験を通した紙本の所有"をもたらし、所有者と本の間にストーリー性を生む。体験と所有が偶発的に起こり、紙本の価値の再考を促す図書館を提案する。

法政大学 デザイン工学部
建築学科 3年

No. 0041

面来 由羽
YU OMORAI

余白を紡ぐ
―飽きない余地に小商う暮らしの提案―

下北沢の街並みのように手を加えられる、変化を許容する余白を残す。そこには生活や小商いがはみ出し、多様な共有の度合いを生む。集うことに価値を見出す空間が重要ないま、住民の主体性が重なり、育て続けられる集合住宅を提案する。

東京理科大学 工学部
建築学科 3年

No. 0057

石井 万葉
KAZUHA ISHII

Individuals' House
個人同士がつながり共生する集合住宅

子供世帯の独立や社会の高齢化によって、一住戸一家族という社会システムが崩壊しつつある。家族という集団でのつながりが薄れてしまった今必要なのは、人の顔が見えない現代の住宅を個人レベルまで分解し、家族から解き放たれた個人と個人がつながることなのである。

No.
0072

日本大学 理工学部
海洋建築工学科 3年
田中 修斗
SHUTO TANAKA

厳中水族館

水族館とは本来"癒しの場"として存在しているが、常にその空間内で過ごすことができているだろうか。「長く留まりたくなる空間」と「水族館」を融合することで、新しい水族館内部空間を構成させ、水族館本来の空間内でいられるアプローチを試みた。

No.
0081

武蔵野美術大学 造形学部
建築学科 2年
大西 明日香
ASUKA ONISHI

心理的距離の概算

遠隔のコミュニケーションで生まれる心理的距離を克服するために、心理的安全性を生み出し、内発的なモチベーションを支えるコモンを提案する。中野という雑踏とした敷地に緩やかに住宅や商業施設を組み込み、閉塞感なく、社会と程よい距離感で繋がる。人との安定的な関係が保てる心理的距離を住宅に落とし込むことで、生活が自分の部屋だけで完結せず、敷地全体へ広がっていくことを目指している。

No.
0087

法政大学 デザイン工学部
建築学科 2年

大久保 愛里
AIRI OKUBO

出会いの途

幼稚園内に地域の途を通すことで、外を通るだけでは生まれない出会いや繋がりをつくる。園内でも開放感のある廊下や園庭同士を繋ぐ途でクラスや学年の違う園児との交流が生まれる。地域と幼稚園、園児同士を分離させず途での出会いを生む幼稚園を提案。

No.
0089

法政大学 デザイン工学部
建築学科 3年

堀米 輝
AKIRA HORIGOME

飾られ暮らし

住宅と暮らしにおける物の在り方を考えると、従来の住居において、物は生活の中に隠されている。生活の中に隠し込まれている物たちを飾り、物の中で生活をする新たな暮らしのかたちで、居住者間や地域との関係をつくり出すことはできるだろうか。

No.
0093

東京電機大学 未来科学部
建築学科 3年
矢部 完太郎
KANTARO YABE

廻る水に手を引かれて

自然環境的な地球上で起こっているさまざまな問題を切り口に、建築そのものが教材となるような小学校の提案。敷地調査から、用水路がまちを区画している風景に着想を得て、建築内外を廻る水が繋ぎ、時には分節しながら、それに沿っていくつもの実体験の場が散りばめられてゆくような、終わりのない学び舎を目指している。

No.
0095

法政大学 デザイン工学部
建築学科 3年
池田 楓
KAEDE IKEDA

飾ることで、彩る垣根

交流や出会いを楽しんでいる下北沢。共通の趣味から新しい文化まで様々なジャンルを境なく体感できる空間で、さらなる交流と刺激を与えられたらいいなと思い、下北沢での集合住宅の在り方を、住むところというより表現するところとして私の設計を提案する。

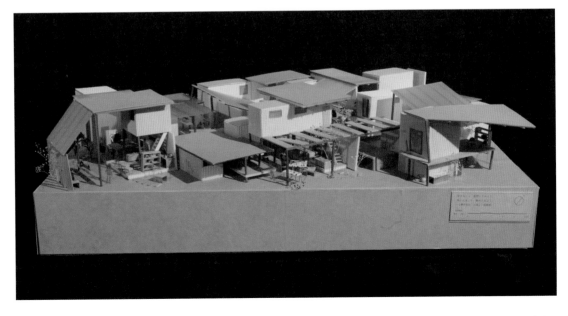

No.
0108

東京電機大学 未来科学部
建築学科 2年

高橋 花穏
KANON TAKAHASHI

ブックプラネット
（ぶくぷら）

～本との巡り合い・
　知の探索・お気に入りの
　居場所を見つける～

「巡る図書館」
3つの棟がそれぞれ隣接するふ
たつの庭に開かれ、景色に合
わせて床の高さを変えることで
内外はシームレスに繋がれてい
る。歩けば歩くほど新しい景色
が見え巡りたくなる建築。目的を
持たずともふらっと立ち寄りたく
なるような多様な居場所を持つ。

No.
0113

早稲田大学 創造理工学部
建築学科 3年

松本 維心
ISHIN MATSUMOTO

知の構造化の解体

現在、効率的な知との出会いが重要視され、即効的な知に対し
て冗長的・偶発的な「知」が疎かにされてきた。知との出会いが
構造化・画一化されてしまった。図書館の有様を知の構造化と
呼び、知の構造化の解体と新たな書架配置により、知の自由な
吸収場が生まれることを期待する。

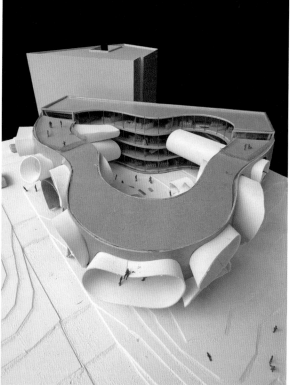

No.
0114

芝浦工業大学 建築学部
建築学科 SAコース 3年
細田 雅人
MASATO HOSODA

仄仄

公共空間は広く明るくつくられるが、狭さと暗さを求める人々は排除されている。多様な人々が集まる建築において、楔形のボリュームにより、広いと狭い、明るいと暗い、という要素が仄仄と存在する空間をつくり出す。

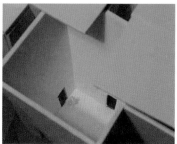

No.
0118

芝浦工業大学 建築学部
建築学科 3年
西村 隆司
RYUJI NISHIMURA

光の借景

森には木々が粗密に配置され、光が差し込む粗な広場や暗がりの密な場所がある。木々は柔らかく日差しを遮り影をつくり、敷地の持つ空間の質を増幅させて、図書館に木々があふれる公園のような空間が広がる。この建築は新しいけれど、元々そこにあったようにふるまう。

No. 0125

東京電機大学 未来科学部
建築学科 3年
林 芽生
UBU HAYASHI

流れる雲に乗って

私の母校の小学校は同じ敷地内に、小中一貫校ではないが中学校も建っている。
この特徴を活かし、特別教室を中心に小学校と中学校の領域を混在させ、小中学
校の垣根を超えた未来の小学校を提案する。

No. 0128

東海大学 工学部
建築学科 3年
石井 紫月
SHIZUKI ISHII

交わらずに混じる

3つの異なる特徴を持つ道を引き込み、帯としてそれぞれを蛇
腹折で組み合わせていくことで接しないで空間が混じる。3種
の帯に富士フイルムの3つの事業展開をキャラクターとして取り
入れ、「交わらずに混じる」という空間やアクティビティの新しい
関係性を提案する。

東京都市大学
建築都市デザイン学部
建築学科 3年

No.
0132

嶋田 舞
MAI SHIMADA

境界線をひきなおす

都市は、渋谷は生き物である。都市だって、私たちだって生き物らしくあることが必要だ。構造とボリュームが干渉し、溶け合っていく。次第にキャンパスは都市・人・自然に干渉し、互いの境界をあいまいにしていく。周囲と空間的時間的な広がりを持つ建築の提案。

東海大学 工学部
建築学科 3年

No.
0133

鎌田 美春
MIHARU KAMADA

街のキャンパス

小田急線の地下化に伴い近代化が進む下北沢で、象徴だった闇市が撤去された。そこで、まちの象徴となる屋根の下に、開かれた路地空間の学び場をつくる。まちの人と繋がる建築学生のキャンパス。

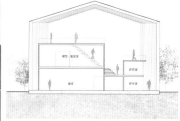

No.
0138

共立女子大学 家政学部
建築デザイン学科 3年
竹島 舞
MAI TAKESHIMA

Cross to
～室＜角で出会い、交流する～

人と人の交流はどのように行われるのだろうか。例えば学校の廊下の幅は1.8mから2.3mしかないが、みな休み時間になると廊下で立ち話をし挨拶を交わし、他愛もない話に花を咲かせる。これらのことから、人と人の交流は中間領域を通して行われると考え、雁行した縁側を中心とした設計を行った。

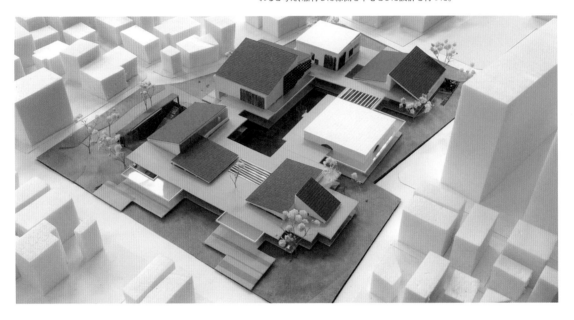

No.
0142

東海大学 工学部
建築学科 3年
吉田 奈央
NAO YOSHIDA

Terraced Fields

地域の賑わいはそれぞれの行動で起こる空間の中心で引き起こされると考える。屋根は大屋根を2枚にし、三次元曲面的に変化させることで空間に広がりを持たせることができ高さが異なることで自分自身の居心地の良い場所を見つけることができるのである。すべての人々が思うがままに過ごすことのできる施設を目指した。

東海大学 工学部
建築学科 3年

No.
0147

松井 京一
KYOICHI MATSUI

みどりを再生し、都市と結ぶ
～森の音楽ホール～

誰もが、森の中に足を踏み入れたとたん、今まで聞こえていた都市の騒音が、スッと消えてしまった経験がある。これは木の葉や枝が、音を吸収したためである。そんな経験から、森の中にいるような感覚で音楽を聴ける、ランドスケープに溶け込んだ音楽ホールを提案する。

工学院大学 建築学部
建築デザイン学科 3年

No.
0150

依本 晃希
KOKI YORIMOTO

graffiti continui
都市と公園に差し込む壁

「KAWS」という作家のバックボーンであるグラフィティアートを描くキャンバスとしての連続した壁面によって建築を構成した。また作品が持つ「カートゥーンが日常の中に差し込まれる」というテーマを表現するために「都市と自然を横断する展示空間」を実現する。

No.
0153

法政大学 デザイン工学部
建築学科 3年
古川 さらり
SARARI FURUKAWA

ボロイチHOUSE

世田谷ボロ市とは世田谷線の上町駅と世田谷駅で行われる伝統あるまつりである。この集合住宅では、モノをつくるアーティストや、モノを集めるコレクターが集合し住み、住戸の一部にボロ市の定住ショップを開くことで、アーティストは自身の活動を発信していく場になり、コレクターは自身の好きなことに触れて生活することを目的としている。

No.
0175

神奈川大学 工学部
建築学科 3年
松野 百花
MOMOKA MATSUNO

共に時を刻む学び舎

計画敷地は東白楽駅からフラワー緑道を抜けて徒歩数分の距離にあり、周辺には住宅街が立ち並ぶ。また、付近には北側正面には高校があり、学生たちの賑やかな声が響く。近隣には幼稚園もあり、多世代が混在しているように見えた。そこで、この子どもたちが多いこの計画敷地に、デイサービスを併設し高齢者と子どもの交わりの場となる小学校を計画する。

No.
0179

日本大学 理工学部
建築学科 3年
中根 圭太
KEITA NAKANE

スパイラル
〜遊園地から原っぱへの緩やかな繋がり〜

商と住を遊園地と原っぱに置き換え、スロープで緩やかに繋がる複合施設を設計した。商から住への変化はスパイラルとなり、多様な居場所を生む。

No.
0181

東京電機大学 理工学部
建築・都市環境学系 3年
松下 久瑠美
KURUMI MATSUSHITA

泉山 陸
RIKU IZUMIYAMA

後藤 洋平
YOHEI GOTO

はぐくむ
〜子供たちと育つ学び舎〜

子供たちが巣立った後も何度でも帰ってきたくなるような学校を目指す。緑豊かな里山の風景を思い起こさせ、郷土の文化を継承し世代を超えて交流できる地域のコアとなる場であり、子供たちの「やりたい!!」が継続する為の小学校をデザインする。

No.
0183

慶應義塾大学 環境情報学部
環境情報学科 2年
新延 摩耶
MAYA NIINOBE

食人住宅

1枚の壁が、水平方向、鉛直方向にそれぞれ展開する。その壁を、ここでは"可動壁"と呼ぶ。6人は1人1枚ずつ、可動壁を保有する。可動壁は容易に形を変え、一期一会の空間を生む。使用する人物、時間帯、用途による空間の変化が、可動壁によって可能になる。空間の可能性を表す目的で、6人が保有する可動壁は全て同一のものとした。

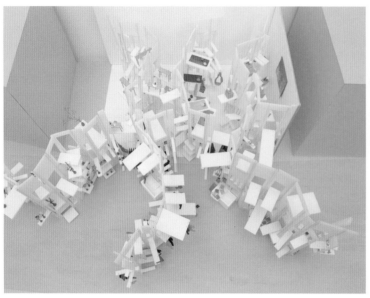

No.
0190

法政大学 デザイン工学部
建築学科 3年
滝 隆也
RYUYA TAKI

連続的風景、額縁からのワンシーン

都心の中に存在する巨大な緑の敷地に「アーチ」、「曲線と直線」を用い現代の図書館が持つ背景を解決させ、現代の図書館が持つ本を読むことだけでなく、「発見」、「体験する」を取り入れ、図書館・本に対する価値観を変えさせる図書館を目指した。

No.
0194

慶應義塾大学 環境情報学部
環境情報学科 3年
ベネディクト ダフニ
DAPHNE BENEDICTO

Schuylkill Rain Chain

靴ひもを結ぶ動作と雨を降らせる動作を統合し、指の広がりとつまみの収束を強調する。まちに対する水と川の重要性を踏まえて、マッピング分析から導き出された形状を反映した雨鎖を設計した。降雨と流出水を巧みに川へ導く、機能的な目的を果たすだけでなく、美的な方法で水の運搬を称え、誰もが魅了される要素となる。

No.
0201

武蔵野美術大学 造形学部
建築学科 3年
諸江 一桜
KAZUSA MOROE

大使館とクレバス

3つの国の大使館と交流スペースが複合する施設を設計する。安全上パブリック性が失われがちな大使館にヴォイドとなる「クレバス」を挿入することでプライバシーを守りながらも、大使館が地域に馴染み、まちの人に文化や課題を深く知ってもらえる場になることを期待する。

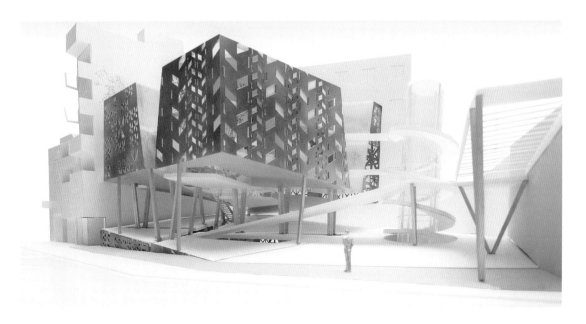

No. 0203

法政大学 デザイン工学部
建築学科 3年
澤多 佑果
YUKA SAWADA

神保町を知る、巡る
―古本屋と共存する図書館―

古本のまち、神保町を生かし、図書館に古本を置き、古本屋を中心とするまちの案内所となる機能を追加する。神保町の多様なコンテクストの結節点となる土地に、そのポテンシャルを活かした全く新しい図書館として、古本屋と公共図書館が共存する都市を提案する。

No. 0214

慶應義塾大学 環境情報学部
環境情報学科 3年
水野 祐紀 YUKI MIZUNO
長谷川 愛 AI HASEGAWA
服部 瑛斗 EITO HATTORI

小出川くるり
〜流れの淀みをほぐす〜

小出川地域の特色であった工作を支える、マテリアル・技術の互酬を地域を繋げる要素として展開し、新しい循環の輪を生み出すことで風景を創り出す。その風景は、地域内に居場所がなく滞留していた工作材料に新しい居場所をつくり、材料を等価値に扱い、材料の終わりを再定義するシステムの枠組みとなる。

No.
0217

青山製図専門学校 建築学部
建築設計デザイン科 2年
米持 帆海
HONOMI YONEMOCHI

くぼみで出逢う

小さな居場所のかたまりを設定・配置していき、ずらすことにより生じた『くぼみ』が新たな居場所を肥やし、『コの字』を基本とした空間分けで小さな居場所を点在させることで居場所の開拓をしながら景色の変化（シークエンス）を体感することができる美術空間を目指した。

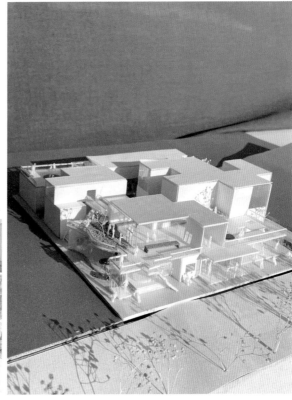

No.
0218

武蔵野大学 工学部
建築デザイン学科 3年
久田 晶子
AKIKO HISADA

見守りのサイクル
〜住人と地域で繋がる出会いの場〜

現在「住む」ことは個人の世界で行われ、周辺との繋がりが希薄である。これからは原点を振り返り、動物のように周りの環境を理解し、調和するように「棲む」必要がある。そのため、住人の生活が外から感じられ、誰もが見守り・見守られる暮らし方を提案する。

No. 0225

慶應義塾大学 環境情報学部
環境情報学科 3年
服部 瑛斗
EITO HATTORI

High Line Hall Gallery

本作品では大人・高級なイメージの銀座中央通りの対照的な存在としてKK線に『開くホール』を計画した。子どもや家族連れが憩いの場所として集いながら、建築を通じて、地域全体で子どもたちの成長を見守る仕組みを提案する。ホールは物理的に外部へ開けており、銀座を利用する多くの人がホールで行われる子どもの学びの発信を受け取ることができるよう、設計を行った。

No. 0229

芝浦工業大学 建築学部
建築学科 SAコース 3年
廣澤 陸
RIKU HIROSAWA

地を受け、地に還る

均等で均質な空間が乱立する現代。この図書館は地を受けて建つ。土地に呼応し空間の特性を増幅させ多様な空間を生み出す。そして、地に還る。図書館によって生まれる賑わいや環境は土地へと還元される。空間が先行する多様な空間を持つ図書館。

No.
0235

東海大学 工学部
建築学科 3年
衣川 晃平
KOHEI KINUGAWA

曲線のスキマ
〜箱から逸脱した文化施設〜

四角い箱の文化施設は外部との繋がりを断絶し、必要以上に敷居を高く感じさせる。そこで、緩やかな曲線壁を多数用いることで空間の「断絶」ではなく、曲線から生まれるスキマで緩やかに「分節」することでそれぞれの空間が繋がりを持つ文化施設を計画する。

No.
0245

芝浦工業大学 建築学部
建築学科 SAコース 3年
末松 拓海
TAKUMI SUEMATSU

台形の家

さまざまなアイデンティティを獲得しながら色褪せた幾何学が輝きを取り戻すことは、建築がコミュニティと接続し、土地や人々の魅力を引き出しながら、象徴となることであると言える。台形の家は地域と交流する集合住宅であり、もらい・あたえる恒常的地域をつくり出す。

芝浦工業大学 建築学部
建築学科 SAコース 3年

河野 奏太
SOTA KOUNO

No. 0348

佃島斜面地計画

「埋立地佃島」

高層マンションの乱立でそこに住む人々は住処に自覚的になれなくなってしまった。佃に斜面を立ち上げる。それは人々の集いの場でもあり下町としての佃島の集積でもあり、はたまた佃そのものを自覚的にとらえる集合住宅である。

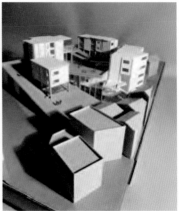

早稲田大学 創造理工学部
建築学科 3年

鈴木 万由
MAYU SUZUKI

No. 0356

せせらぎの図書館
―流れを誘発する4つの「洲」―

「気がついたらそこにいる」図書館を設計する。「見に」いくのではなく、「触れ合い」「香り」「味わい」「響き」我々の感覚の全てを研ぎ澄ます。家と職場を行き来する単調な日常に溶け込むことで新たな体験を引き出し、刺激的な麻布のポテンシャルを引き出す図書館。

東海大学 工学部
建築学科 3年
金﨑 慈瑛
JIEI KANESAKI

No.
0364

必要なものを、必要なかたちで

この建築は青山にできた"裂け目"である。裂け目の中は青山と
は異質な空間であり、それ以外の空間は青山と同質な空間で
ある。裂け目からは青山の日常が見え、それ以外の場所から見
える非日常な裂け目、そして異質と同質が隣り合う空間は自然
と人を引き込む魅力がある。

法政大学 デザイン工学部
建築学科 3年
横田 裕己
YUKI YOKOTA

No.
0365

ひらり
〜建築的樹木による人とセカイの出会いの場〜

図書館に貯蔵されている書籍の数だけセカイが広がる。訪れる人にはそれぞれの
脳内世界が広がっている。訪れた人とセカイの出会いを促し建築内で脳内セカイ
の発展、新たなる創造、固定概念的セカイの破壊、失われていた世界の再建を狙
う。

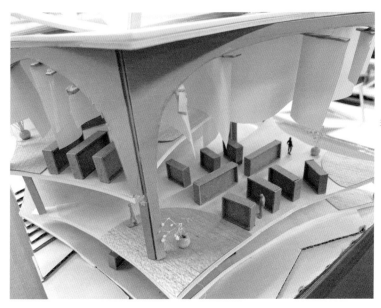

No.
0366

日本大学 理工学部
建築学科 3年
細田 祥太郎
SHOTARO HOSODA

阿吽

この敷地は明治神宮の参道の延長線を根津美術館と共に挟むよう位置する。ここに阿吽の対を成し参道を形付ける存在をつくりたい。根津美術館を屋根を閉じ過去の美術品を内に守る「吽」と見做したとき対称となり位置すべきは外に開きアートを未来へ放つ「阿」の建築だろう。

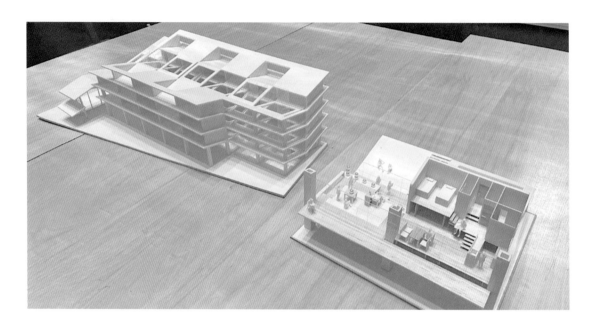

No.
0371

茨城大学 工学部
都市システム工学科 3年
小原 玲
REI OBARA

柱のまわりで学ぶ

コンセプトは「柱が空間を創る」。柱の周りは、心理的に隠れられるため、児童の落ち着き場となる可能性を持つ。そこで、従来の片廊下型の小学校ではなく、家具のとりまいた柱が多数ある空間で学ぶ小学校を提案する。柱の組み合わせによって空間が創られる。

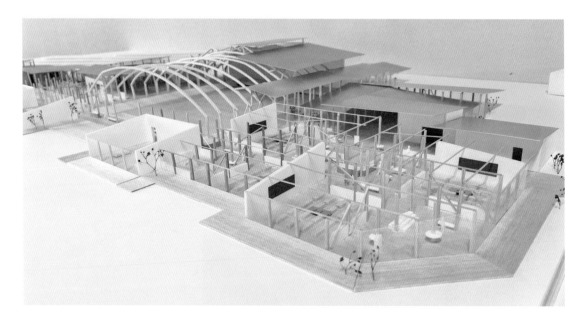

神奈川大学 工学部
建築学科 3年

太田 有哉
YUYA OTA

No.
0372

まちのテラス

本計画では、六角橋商店街がつくり出しているにぎわいあるまちの雰囲気を積極的に建築に取り入れたいと考えた。そこで、立体的な広場のようなテラスを各階のプログラムと関連させながら積層させることにより、建物での人々の活動がまちに表出した建築を設計した。

No.
0374

青山製図専門学校 建築学部
住宅設計デザイン科 2年

飯島 友香 YUKA IIJIMA
大垣 拓海 TAKUMI OGAKI
金高 光大 KOTA KANETAKA
塚田 純怜 SUMIRE TSUKADA

アート×公園

アートと公園を軸とし建築を考える。アートのまちである代官山をより発展させる為、地域を巻き込みアートを楽しむ施設を目指す。公園にいるような気持ちでアートを楽しみ人々や周辺の地域の交流を生む架け橋となり、アートが私達の暮らしの一部となる集合住宅を提案する。

No.
0375

青山製図専門学校 建築学部
住宅設計デザイン科 2年
原澤 麻里子
MARIKO HARASAWA

Daikanyama Village
〜自然の恵みを受け入れたこれからの姿〜

近年、社会情勢による輸入規制などで、当たり前のように手にしていた物や生活が、思うように手に入らなくなっている。都会に住みながらも自然の恵みを大切に、サスティナブルな生活をしたいという人々が集うコーポラティブハウスを提案する。

No.
0376

日本大学 生産工学部
建築工学科 3年
鹿又 悠雅
YUGA KANOMATA

日々の延長に溶け出す.

演劇の4要素として「俳優、観客、戯曲、劇場」が存在する。それぞれに明確な役割が与えられ、分断されている。それを建築的に溶解させて新たな演劇空間を再構築する。戯曲という非日常と、表参道の日常が溶け出し混じり合う。

早稲田大学 創造理工学部
建築学科 3年
舘 謙太朗
KENTARO TACHI

No. 0389

夜のたまりば

夜に静かな雰囲気で落ち着いた特徴のある広尾地域において、中央図書館とともにまちのラーニングコモンズの要素を24時間持ち続ける図書館を設計する。昼間は学生や大使館職員の学びの場となり、夜間は仕事で疲れた人が立ち寄り娯楽の場として開き続ける。

日本大学 理工学部
建築学科 3年
川北 大洋
TAIYO KAWAKITA

No. 0394

画像生成AIを活用した設計

画像生成AIを設計手法に取り入れた建築手法を用いて、課題文や周辺建物を言語化し画像に取り入れていく方法を用いて建築を拡張し外観を生成する。建築を構成する要素を建築、周辺建物、設計敷地、設計環境に分け、形を分岐させ、最終的に客観的な評価を行い、総合点数が高い建築を外観に採用する。建築と画像生成AIの新しい可能性を模索した。

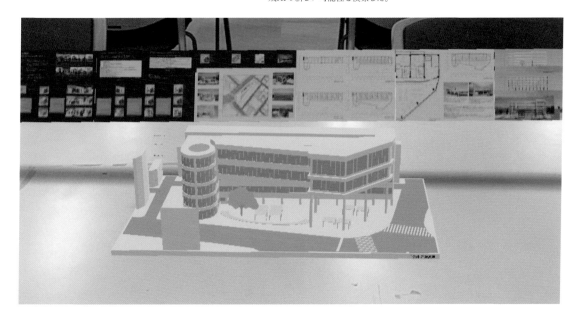

No. 0410

日本大学 理工学部
建築学科 3年

野中 智仁
TOMOHITO NONAKA

歩ュ天ィ住ム

歴史を可視化させるためにペデストリアンのような空間を取り入れ、過去と現代を繋ぎ、そして敷地外の裏側の住宅エリアにも小さな店が広がっていくような過去から未来にかけた未来完了形のような建築を考えた。

No. 0412

早稲田大学 創造理工学部
建築学科 3年

片岡 晟柊
SEISHU KATAOKA

石に刻まれた物語

イサム・ノグチにとって彫刻とは石の本来の姿を掘り出したものであるという。石にはその土地の風土や歴史など多くのものが刻まれている。イサム・ノグチの彫刻と建築が作用しあい表面化する土地のアーカイブ読むことで人々の内面に新たな発見を創出する美術館を設計する。

No.
0413

早稲田大学 創造理工学部
建築学科 3年
辻本 雄一朗
YUICHIRO TSUJIMOTO

転換をうむ連層

江戸城の濠を埋め立てながらつくられていった高速道路。これ
は、都市をレイヤー化することで高層化とともに風景や機能の
分断を生んだ。そこで、大地と人間を繋ぐイサム・ノグチの作品
を介し、人々が風景の混在や層の横断による空間体験を再認
識するための美術館を提案する。

No.
0414

関東学院大学 建築・環境学部
建築・環境学科 3年
西澤 瑛真
EIMA NISHIZAWA

窪地に沈む幼い影

近年、こどもが外で遊ばなくなって来ている。外で遊ぶ機会自体が減ったため現代
のこどもは外で遊ぶことから自然と遠ざけられている。そこで、地形と壁の操作に
よって外部を遊びの拠点としたこども園をつくる。

明治大学 理工学部
建築学科 3年
我田 蒼弥
SOYA WAGATA

No. 0420

この建築は自然に負ける

敷地の周りには豊かな自然が見られる。このような自然環境がある中で、キャンパスの顔となり中心となるラーニングセンターを、内部と外部を入り組ませる。そうすることで生徒だけでなく、草木、生き物のハブ空間をつくり自然の恩恵を受けることのできる場を提案する。

文化学園大学 造形学部
建築・インテリア学科 3年
安田 奈央
NAO YASUDA

No. 0429

Look up at「 」museum
見上げる美術館

「見上げる」という行動は日々を頑張る活力となる。実体験から感じた事を最大限設計に反映させた。見上げる行動を引き出すような工夫を、建築の内外観デザインに散りばめている。来館者がどんな瞬間に見上げたくなるのか考え抜かれた空間で、思わず見上げる美術館。

No.
0430

早稲田大学 創造理工学部
建築学科 3年
阿部 凌平
RYOHEI ABE

誘引の壁

大使館が多く点在する広尾は外国人が多く在住するまちである。彼らにとってのサンクチュアリとなるような図書館を提案する。大使館の塀が渦を巻き絡まり合ったような建築は多様なプログラムの層をつくり中心のヴォイドを包む。

No.
0433

早稲田大学 創造理工学部
建築学科 3年
小泉 満里奈
MARINA KOIZUMI

循環するメディア

メディアの発達により、情報が伝わりやすくなったが、逆に差別的な発言や偏見が当事者に届くようになってしまった。世界は多様性を叫んでいるが、多様性を強要する社会は逆説的に差別を生む。メディアの循環が生まれるような図書館があれば、メディアに多様性が生まれ、新たな多様性が生まれるのではないか。

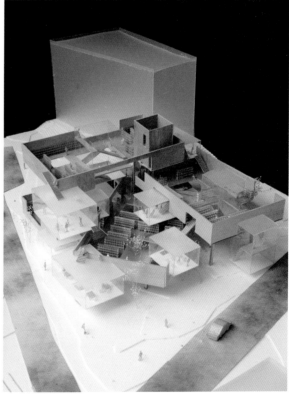

No.
0435

芝浦工業大学 建築学部
建築学科 3年
小山田 琢朗
TAKURO OYAMADA

Arch Labor Hall

ホール建築が箱ものであることと、代官山ヒルサイドテラスが代官山に影響を与えていることから、要素を曲解し新しい形をつくることを目指した。レイヤに沿ってまちの新しい動線になるようなホールを提案する。

No.
0437

東京電機大学 未来科学部
建築学科 3年
萬戸 勇気
YUKI MANTO

出会いの中で学ぶ

「対面でしか体験できないような学びや活動を促し、新たな発見を通して将来の可能性を広げられる環境づくり」
近年、社会背景などから学校教育のオンライン化が急速に発展している。対面で教育を受ける重要性を見直せる空間や形態を提供できる、未来の学校を設計する。

No.
0444

早稲田大学 創造理工学部
建築学科 3年
市原 優希
YUKI ICHIHARA

都市のポーラス

人々が、己を見つめ、流浪できる場を提供する。皇居は時代を穿つ孔、東京の交通網は人々が日常を送る環であり、孔と環の関係は流浪を可能にする。都市の孔として創造した建築に、彫刻を通して流浪し続けたイサム・ノグチの作品を置き、鑑賞者なりの流浪を育むこと目指す。

No.
0447

東洋大学 理工学部
建築学科 3年
奥山 黎
REI OKUYAMA

曳っかわせから次世代へ

山車同士が出会うとお囃子と踊りが競演し、その日一番の盛り上がりをみせる川越祭りのように、個性あるお店同士がせめぎ合い、賑わう様子は、これまでもこれからも川越の姿であると考える。世代交代へ向けた小さな一歩として何ができるのか提案する。

No.
0450

東京大学 工学部
建築学科 3年
鈴木 陽介
YOSUKE SUZUKI

シアターあわい

劇場は非日常の空間であり、日常である都市とのあいだには境界が生まれる。それは空間的・時間的な広がりをもった領域であり、その「間＝あわい」にこそ劇場の可能性がある。半透明の幕を用いて「間」の空間をつくり、日常と非日常の距離を調停することを試みた。

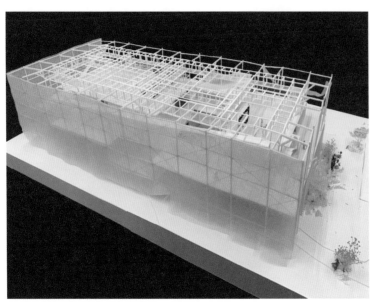

No.
0456

東京大学 工学部
都市工学科 3年
岡田 耀 YO OKADA
木村 明 MEI KIMURA
山村 優太 YUTA YAMAMURA

家をほぐす

住宅をほぐし、並べなおす。住宅機能の細分化と再配置により、今までの都市にはなかった、パブリックとプライベートが曖昧な中間領域でまちを覆う。まちを家のように使い、まちに依存しながら暮らす、新しい都市における居住のあり方を提案する。

No.
0462

芝浦工業大学 システム理工学部
環境システム学科 3年
西郷 姫奈
HINA SAIGO

未来の種
～こころに寄り添う図書館～

自然な環境で木が成長するように、人々は「光・影・風」を感じながら本を読み、知を蓄える。豊かな"こころ"を育み、想像する力を養い未来へ進む人々の支えとなるような場所を目指している。訪れた人々は、芽を咲かせていく。

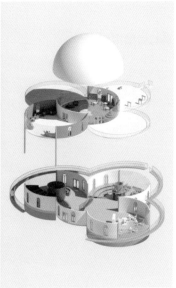

No.
0466

日本大学 理工学部
建築学科 3年
今井 優佑
YUSUKE IMAI

生活を体感する。

微妙な距離感が存在する谷中において、敷地を訪れ、生活との親近感を味わい、自らの人間関係を見つめ直し、互いに尊重しあえるような建築。

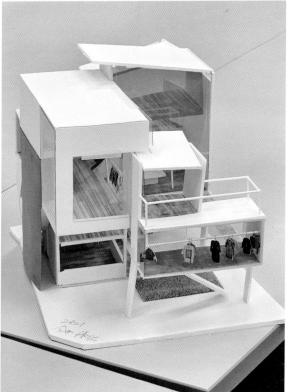

No.
0480

東京都市大学 建築都市デザイン学部
建築学科 3年

新山 遥希
HARUKI NIIYAMA

渦と自由な学び

都市に存在する「人の流れ」を
渦巻き状に大学内へと取り込
み、大学内に存在する「たまり
場」と関係を持たせることで人と
の学びが自然発生する大学院
キャンパスを目指す。

No.
0483

東洋大学 理工学部
建築学科 3年

滝浦 啓叶
HIROTO TAKIURA

歴史を伝え
文化に触れる

観光客の川越観光をより充実さ
せるため、「まち展示」を設けた。
ここでは5つの観光スポットとこ
の課題の他の2つの敷地の情報
や歴史などを知ることができる。
この場所から各観光スポット、ほ
かの2つの敷地へ観光客を分散
させる新たな川越観光の拠点と
なる場を目指す。

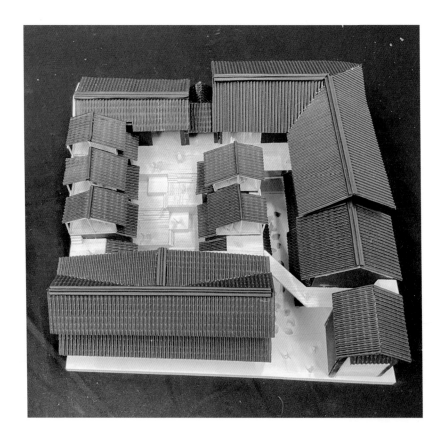

東洋大学 理工学部
建築学科 3年
下田 楓夏
FUKA SHIMODA

まち宿 夜越え、川越

宿泊を伴う観光は、いわば暮らす観光である。一日から数日間のお試し移住のようなものだ。これは見て楽しむ観光から、実際にまちを体験し肌で感じる感光へと変化する。また、夜になると穏やかな光が外へぼつぼつと漏れ、夜でも光と人の存在を感じることができる。歴史ある川越で夜を越えることで、川越の新たな魅力に気づくだろう。

東京都市大学 建築都市デザイン学部
建築学科 2年
須田 琳々香
RIRIKA SUDA

ながれの家

東から川のようにゆるやかな曲線を描いて西に開く等々力渓谷。この緑の川から、都市によって切りはなされた古墳や多摩川の自然たち。この建築は渓谷が都市によって分断されることなく、川を流れる水のように周辺の豊かな自然環境へと広がり、結びつくような、自然の通り道の役割を果たす。

東京都市大学
建築都市デザイン学部
建築学科 3年
安江 将輝
SHOKI YASUE

渓谷から続く家

周囲の環境に溶け込み自然とともに暮らす家。
この住宅の周囲には等々力渓谷の豊かな自然、古くから残されてきた歴史的な建造物、たくさんの家が立ち並ぶ住宅街がある。これらの環境を手掛かりに要素を一つずつ取り出し、カタチにした住宅。

東京電機大学 未来科学部
建築学科 3年
西村 風香
FUKA NISHIMURA

すみ開き
―"隅"を開き、"住み"を開く―

高齢者の孤独死や育児放棄など、今も絶えることのないこれらの問題は、身近な人に頼れる環境であったら結果は変わっていたのではないか。半強制的なアクセスの繋がりが住民の住まいを開いていき、誰一人取り残すことのないコミュニティへと導く集合住宅を提案する。

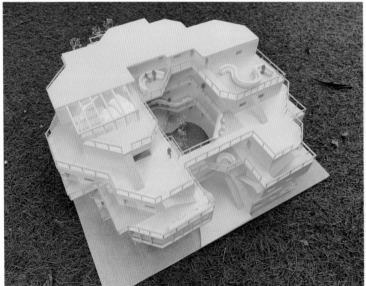

No. 0546

東京電機大学 未来科学部
建築学科 2年
篠崎 優利香
YURIKA SHINOZAKI

自由曲線でつながり広がる図書館

内・外の空間を通るスロープで各フロアを繋げ、訪れる人が知識の深みを探求する
過程を、自由曲線の上を歩いて体感する図書館。

No. 0560

大阪工業大学 工学部
建築学科 3年
山本 拓二
TAKUJI YAMAMOTO

境界のエデン
―コモンセンスによる共存を目指す庁舎の提案―

新たな庁舎として、今までのようなルールをつくることで人々を共存させてきた庁舎
ではなく、コモンセンス（他者と空間を共有している感覚）によって共存できる庁舎
を設計した。今までより少し自由に振舞える庁舎から新たな共存の在り方を目指
す。

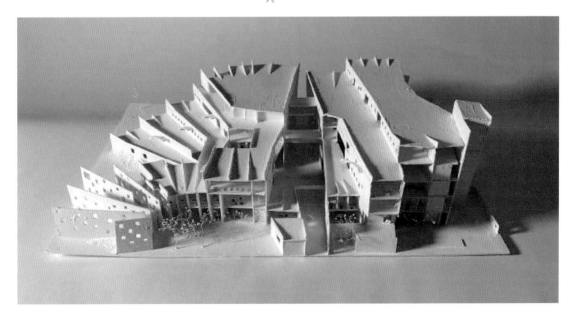

No.
0561

芝浦工業大学 建築学部
建築学科 SAコース 3年

鈴木 創
TSUKURU SUZUKI

五感で体験する集合住宅
～近道・滞留・回遊～

敷地の佃島は、路地がつくり出す街割と表出が魅力的なまちである。路地は一般的に極小の外部空間で風は抜け、光も入ってくる。両手を広げると手が壁に触れ、閉じ切っていないため、音も匂いもどこからか漂ってくる。視覚に頼りきった現代建築に疑問を呈す。

No.
0562

法政大学 デザイン工学部
建築学科 3年

竹ケ原 悠希
YUKI TAKEGAHARA

火を囲む図書館

神保町という多様なコンテクストの接合点であるまちに、様々な使い方の可能性を持つ炉というストラクチャーと「火」というエネルギーを加えることで、人々の自由かつ活発な活動を誘発できるのではないか。その活動の中で生まれた繋がりが新たな繋がりを呼び、多くの交流が生まれる空間を創造したい。

エントリー作品数： **559** 作品

エントリー校数： **44** 校 ［大学35校／専門学校9校］

［大学］

愛知工業大学	慶應義塾大学	東京工芸大学	法政大学
茨城大学	工学院大学	東京電機大学	武蔵野大学
宇都宮大学	芝浦工業大学	東京都市大学	武蔵野美術大学
大阪工業大学	昭和女子大学	東京理科大学	明治大学
神奈川大学	多摩美術大学	東洋大学	名城大学
関東学院大学	千葉大学	日本大学	ものつくり大学
京都大学	東海大学	日本工業大学	横浜国立大学
共立女子大学	東京大学	日本女子大学	早稲田大学
近畿大学	東京工業大学	文化学園大学	

［専門学校］

ICSカレッジオブアーツ
青山製図専門学校
桑沢デザイン研究所
中央工学校
東京テクニカルカレッジ
日本工学院専門学校
日本工学院八王子専門学校
読売理工医療福祉専門学校
早稲田大学芸術学校

一次審査

日時： 2023年8月7日（月）

会場： 総合資格学院 新宿校

[審査員]

伊藤 潤一
(伊藤潤一建築都市設計事務所／千葉大学 助教)

榮家 志保
(EIKA studio／o+h)

佐野 哲史
(Eureka共同主宰／慶應義塾大学 専任講師)

種田 元晴
(文化学園大学 准教授)

中山 佳子
(日本設計／日本大学理工学部 非常勤講師)

棗田 久美子
(GROUP／相模女子大学 専任講師)

西田 司
(オンデザインパートナーズ／東京理科大学 准教授)

藤江 航
(青山製図専門学校 教員)

保坂 猛
(保坂猛建築都市設計事務所／早稲田大学芸術学校 准教授)

非公開審査で100選決定！

2023年8月7日（月）、本選に進む100選を選出する
事前審査が非公開で実施された。ここでは応募された
全作品を対象とし、一次審査の審査員9名が、事前に
提出されたプレゼンテーション資料をもとに100作
品を選定。審査員は3つのグループに分かれて、各教
室に並べられた作品資料をじっくりと読み込み吟味。
本選に進めたいと評価された作品には付箋が貼られ
ていった。その付箋の得票数を集計した結果、本選に
駒を進める100作品が決定した。

グループ1……　伊藤／中山／保坂

グループ2……　榮家／佐野／西田

グループ3……　種田／棗田／藤江

グループ1

No.	伊藤	中山	保坂	合計点
0057	2			2
0120	2			2
0149	2			2
0190	3			3
0217	2			2
0374	2			2
0375	3			3
0386	2			2
0394	2	1		3
0402	2	1	2	5
0410	3		3	6
0414	2		2	4
0420	3			3
0429	1	1		2
0435	2			2
0437	3	1	2	6
0446	2			2
0447		1		1
0449	2			2
0450	3			3
0456	2			2
0459	1			1
0466	1			1
0470	1			1
0480	1			1
0483	1			1
0491	1	1		2
0499		2	2	4
0517		1		1
0525	2.5	2	3	7.5
0526	3	2		5
0528		1		1
0538		1		1
0546		1		1
0556	2	2	2	6
0560	3	3	3	9
0561	3	1	2	6
0562	2	1		3

グループ2

No.	榮家	佐野	西田	合計点
0004			2	2
0008		1		1
0009	2	1	1	4
0019	1			1
0024	2	3		5
0027	2	1	1	4
0028			2	2
0033	3	3	2	8
0036	1			1
0039	1		2	3
0040	1	1	1	3
0041	2	1		3
0042		2		2
0049		1		1
0058		1	1	2
0087		2		2
0089	2	1	1	4
0093	3	1	2	6
0095	2		2	4
0112	1	2	2	5
0113	2	1	2	5
0114		1		1
0125	1			1
0128	1	1	2	4
0132			2	2
0133	1	1	2	4
0138		1		1
0142	1		1	2
0252			2	2
0260			2	2
0389			2	2
0412	2	3	1	6
0413	2	1	1	4

グループ3

No.	種田	棗田	藤江	合計点
0147	1	1		2
0150	1	1	1	3
0152	2	2	2	6
0153	1		1	2
0162	2	2	2	6
0163	1			1
0166	2	2	2	6
0174	1	1		2
0175	1	2	1	4
0179	2	2	1	5
0181			1	1
0182	1			1
0183	2	2	1	5
0187	1			1
0118	1	2		3
0194	3	3	3	9
0200		1		1
0201	1		1	2
0203	1	1	1	3
0208	1		3	4
0214		2	1	3
0218		1	1	2
0224	1	1	1	3
0225	1	1		2
0228	1			1
0229	1	1	1	3
0231	1			1
0232			1	1
0235	1	2		3
0242			1	1
0245	2	2	2	6
0341		1		1
0356			1	1
0359	1		2	3
0364	1		1	2
0365	1	1		2
0370			1	1
0371	1	1	1	3
0372	1		1	2
0376	1			1
0385			2	2
0430	1	2		3
0433	2	3	3	8
0444	2	2	2	6
0534	1		2	3

グループ
1

伊藤 潤一
（伊藤潤一建築都市設計事務所／千葉大学 助教）

中山 佳子
（日本設計／日本大学理工学部 非常勤講師）

保坂 猛
（保坂猛建築都市設計事務所／早稲田大学芸術学校 准教授）

どういうシーンが生まれるかを考えて、責任を持って表現する

伊藤 まずはNo.0450です。これはバックヤードがメインになっているのが面白いのですが、平面図ももう少し面白くしたいところですね。

保坂 仮設的な幕の空間というプラスアルファの部分が実はプロジェクトのメイン空間であって、幕の軽やかさがまちの小規模な劇場としてはいいと思いました。

伊藤 1,000席規模のクラシックコンサートをやるにはカバーしきれないけれど、お芝居ならいけそうですね。

中山 これがまちとどうつながって通過していくのかが語られると良いと思います。周辺に何があって、その中でこれがパサージュとしてどのような役割を果たしているかがあった方がいいですね。

伊藤 まちの中でトラス状の屋根が掛かっているだけでいろいろな活動ができそう。

中山 幕を通して赤や黄色の動きがモアレ状に出てきて、中の市民活動みたいなグラデーションで白い幕が多様な色になっていくようなファサードだったら面白いですね。

伊藤 あとは中の光が漏れる夕方とかがいいですね。

保坂 ガラスや鉄ではなく幕という仮設性が良くて、そこにとても期待してしまいます。続いてNo.0561です。平面図を見ると、まあまあ規模がありますね。

中山 建て替えの提案をしたいのか、ここに根付く路地と井戸の関係性を引き出して、それを骨格にして新築をつくっているのかがよくわかりません。

保坂 平面図では路地の設計に微妙に触れていますが、模型ではあまり感じられないです。

伊藤 この井戸には何かあるのかな？

中山 地域で大切にされているものなのでしょうか。路地空間へのノスタルジーとするのではなく、コンテクストを継承しながら宅地更新をするためのスキームにも触れて欲しいところです。次はNo.0560です。これは図面が手描きですが、とても緻密に想いを込めて、空間を想像しながら描いているような気

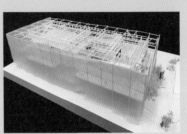

No.0450「シアターあわい」
鈴木 陽介（東京大学3年）

No.0561「五感で体験する集合住宅」
鈴木 創（芝浦工業大学3年）

No.0560「境界のエデン」
山本 拓二（大阪工業大学3年）

がしました。

保坂 おじいちゃんや職員などペルソナを設定して、どういうシーンが生まれるかをきちんと考えて、どう展開するのかを責任を持って表現しています。

中山 こういうフレーミングのダイアグラムは学生に人気ですが、これはいくつかのスケールで考えながら、形としてきちんと消化しています。

伊藤 権威主義的な庁舎から転換させたものと、庁舎が持つ権威主義的なボリューム感を混ぜようとしているのでしょうか？

中山 それは結果論で、我々がモダニズムの雰囲気を勝手に感じているだけかもしれません。

保坂 最近の庁舎は木質化して感情を和らげていますが、そうではなくて、もっと踏み込んで境界を溶かしていく、庁舎とは言いにくいものを選んで挑戦しているのが面白いですね。

中山 続いてNo.0483です。川越の提案がいくつかありましたが、課題自体が面白いです。形としてはもう少し踏み込んで欲しいけれど、蔵を生かしていくスキームがいいですね。

伊藤 スキームをどうつくるか、学生のうちに勉強できる重要な課題ですね。

保坂 それを勉強したということでしょうか。建物のデザイン自体はまだこれからという感じがします。

伊藤 次はNo.0437ですが、パースが綺麗ですね。これは千葉県の5つの大学で3年前期に同じ課題を出しているものです。合同で「Cリーグ」という講評会を実施しています。

中山 これはご本人の出身小学校なんですね。

保坂 隙間が何なのかがよくわからない。

中山 屋根がどこに掛かっているかも知りたいです。温室テラスが3つありますが、温室テラスにする必要はあったのかな。中庭でもいいと思うのですが、おそらくやりたかったのでしょうね。

伊藤 次はNo.0402です。

中山 京都の清水寺みたいで、迫力だけで票を入れたくなってしまいます。

保坂 どこが見せる部分でどこが隠す部分なのかよくわかりませんが、それをテーマにするのは面白いと思いました。

中山 パースがよくできていて、建ってしまいそうな感じはします。桂離宮の雁行配置を一生懸命トレースしたようなのもいいですね。

伊藤 雁行配置の良さについてもっと教えると良いですね。設計教育がモダニズム建築に傾倒しすぎないで、桂的な日本建築の課題を出すのも良い。

中山 特に集合住宅や小学校などの採光が重要で奥行きが浅い建物では効果がありますよね。これは個別の空間を見ていくと、楽しみながら設計した感じもしつつ、システマティックにとりあえずグリッドを引いた感じもします。

伊藤 断面図がもう少ししっかり入っていると良かったですね。

No.0483「歴史を伝え文化に触れる」
滝浦 啓叶（東洋大学3年）

No.0437「出会いの中で学ぶ」
萬戸 勇気（東京電機大学3年）

No.0402「見せる建築 隠す建築」
柳田 力希（芝浦工業大学3年）

グループ 2

榮家 志保
(EIKA studio／o+h)

佐野 哲史
(Eureka共同主宰／慶應義塾大学 専任講師)

西田 司
(オンデザインパートナーズ／東京理科大学 准教授)

少しずつの変化が、
全体に多様な変化をもたらす

榮家 まずはNo.0093です。「水と学校」というテーマで、「自然＋学校」という作品はよくありますが、「水のテクノロジー系＋学校」というのはあまり見たことがなく、プログラムが面白いです。プールを放熱エリアとして考えていたり、教室のエリア分けが水路だったり、いろいろなアイデアがあるところも面白いと思います。

佐野 馬力をすごく感じますね。

西田 小学校はつい階ごとに考えてしまうところを断面的に解いていて、高さを利用する要素として水が加わっているのも良かったです。

榮家 もう少し空間的なパースがあると良かったですね。

西田 パースは4つに分けないほうが良かったかもしれません。これを表現したパースを1枚大きく選ぶのも技術です。次にNo.0009は、空間がずれていること自体を生かして、そのまま配置表現になっているところが面白いです。

榮家 「無用を構築する手法」というのは「無意識の意識」みたいなもので、「それはもう無用ではないのでは？」という議論になりそうな作品だと思いました。

佐野 最初に模型写真に目を引かれて、平面も全部パースでつなげるなど表現のスキルが高く面白いけれど、そこから想像する断面図がなかったので見たかったです。

榮家 長手の断面図を描いて欲しかったですね。でも造形的にもいいし、表現手法にバリエーションがあって、トピックも多いです。

西田 二次審査で模型があることで、どう評価されるのか楽しみですね。ではNo.0027です。これは断面が気になる作品でした。

榮家 通り土間などではなく、「玄関」という領域に想いを巡らせて、それが立体的になっているのが面白いのかもしれません。

佐野 似たような案がいくつもあったけれど、僕もその中では断面が魅力的だと感じて票を入れました。断面的につながっている部屋を一刀両断して、横断できるような空間として玄関を入れているのが面白いです。

榮家 それを「吹き抜け」と呼ばず「玄関」と呼ぶことで構造や機能が変わってき

No.0093「廻る水に手を引かれて」
矢部 完太郎（東京電機大学3年）

No.0009「継ぎはぎ芽を出す超芸術」
惠良 明梨（法政大学2年）

No.0027
「玄関から境界が伸び縮みしていく暮らしと商い」
宮田 太郎（日本大学3年）

ますね。1つのイラストしかないのでプランの全体像がわからないのですが、面白いはずです。

佐野 上と下で別の人が設計しているような感じがしますね。

榮家 次のNo.0036は、ほぼ平屋なので平面計画で勝負している小学校の作品ですが、ワークショップを外部から入れるようにしたり、音環境などもきちんと考えていたり、プールの水を抜いたらステージになるというアイデアも魅力的です。

西田 片側全部を階段にしているなど、表現が面白いですよね。今まで端に追いやられていたプールを真ん中に持ってくるのもいいと思います。

佐野 プールは少しサンクンになっているプラザであるという、その捉え方は新しいです。普段は広場として使っているところに、夏に水を張るとプールになるのは楽しい。

榮家 これは目から鱗でしたね。それをきちんとパースでも描いています。

西田 続いてNo.0116は、比較的ありそうなプランニングですが、歩いている廊下とテラスが重なっているところがいいと思いました。

佐野 中庭のパースも面白そうですね。少しずつの変化が、全体に多様な変化をもたらしているという印象です。

榮家 表面のおどろおどろしい感じが目を引きますね。少し団地的でもあります。

佐野 「おどろおどろしい」は最高の誉め言葉ですね（笑）。このおどろおどろしいパースは、造形として周辺から突出しないようにこの手法を取っているのではないかと思いました。新しいものというよりは少し懐かしいような造形です。

西田 つくっているものは団地ではないけれど、団地的ですね。次にNo.0252です。これは同じ課題の作品の中でも、建ち方が良かったです。集合住宅を大きなボリュームで捉えずに、少しずつ上がっていく坂の風景とそれに面している部屋のような感じで、部屋の用途が少しずつ変わっています。平面図もよく見ると展示室だったり、図書館だったり。

榮家 ダイアグラムが魅力的です。形について音的な意味も説明していて、いろいろ考えていることが伝わってきますが、「真っ白なのか？」というところが気になりました。

佐野 「四角なのか？」もですね。たまたまパースで切っているのかもしれませんが。この坂の部分がランドスケープだから、いい意味で敷地の余白部分を同じような意識で向き合わせてもいいと思います。

No.0036「学びの展開」
与儀 大輔（東京電機大学3年）

No.0116「二重螺旋とヤドカリ」
青木 陽志（日本大学3年）

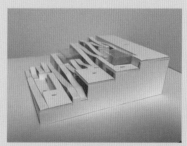

No.0252「さかぐらし」
佐藤 碧（中央工学校2年）

グループ 3

種田 元晴
（文化学園大学 准教授）

裏田 久美子
（GROUP／相模女子大学 専任講師）

藤江 航
（青山製図専門学校 教員）

場所性や時代性でデザインしていく深み

種田 まずNo.0174です。これはとてもよくできていると思いました。

裏田 CGがとても綺麗にできていて、コンセプトもわかりやすいです。ただ、コンセプトの特徴をつくりきれていないように感じました。

種田 形態の操作をよく考えていると思います。一方で内部のプランがなく、広場の使い方など具体的な提案の解像度が低いです。

藤江 外部だけどつながって広がっていくというところを楽しく表現しないといけないのに、そのパースが小さくなっています。

種田 CGだけだとスケールを検討しきれていない感じがしますね。ボックスの中のしつらいや雰囲気も空間として表現されて欲しいです。

裏田 続いてNo.0228、これはすごく惜しかったです。傾斜した床がどのように連続的に見えるのかがわかりやすく表現されていれば良かった。

種田 敷地の関係で言えば断面図など、もう少し空間を表現する図面が欲しいです。

裏田 階段などはせっかく段差があるので、もう少し工夫してくれると良かったかな。

種田 分棟と分棟の空間の間のつながりがわかると良かった。それから、プレボの構成が小さくて見にくいです。

藤江 要素を絞って、一番大事なところをクローズアップすると良かったですね。

種田 学校建築はプランニングで決まるのはやむを得ないので、だからこそ中の活動をきちんと見せて欲しい。続いて、No.0163です。これは断面を見ると単調な平面が重なっているように見えますが、全体の迫力はあります。一方で平面図が小さいのでしっかり見せて欲しいです。

裏田 本棚の配置が単調で、きちんと計画されているのか疑わしいです。もう少し空間に工夫がされていたら良かった。

藤江 もっと階高の設定や空間のメリハリをつくれそうな気がします。広い場所だけでなくこぢんまりとした居場所や、スカッと抜けた居場所があると良かったです。

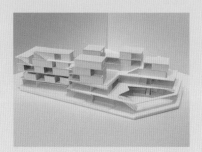

No.0174「拡がる、停まる。」
八幡 碩（日本大学3年）

No.0228「緑地に漂う」
高橋 来武（東京理科大学3年）

No.0163「オープンラボ×図書館」
興井 かなみ（法政大学3年）

種田 内部の階ごとに用途を分けていますがそれがわかる絵がないので、模型の中を上手く見せて欲しかったです。

藤江 内外がどこで区切られているかもわかりにくいですね。

棗田 本が少ない気がします。図書館の複雑な役割も考えると、もっと深みのある作品になったかもしれません。

種田 次のNo.0444は、造形力もあるし模型の密度も高い。

棗田 空間が複雑で面白い場所ができていそうですが、室内のパースがもう少し欲しいです。

藤江 場所性や時代性でデザインしていくのは深い気がします。江戸城から始まって今、天皇が住んでいることとデザインがどうリンクしているのかは聞いてみたいですね。

棗田 庭のような半屋外の場所ができているのも面白そうです。

種田 建築がイサム・ノグチの作品に勝ってしまうという議論を呼ぶ気がします。美術館とはどうあるべきかという議論になると面白いです。

棗田 続いてNo.0433は空間が上手くできていそうな感じがします。

種田 模型の迫力がいいですね。素材感を上手く使い分けていて、ダイアグラムがわかりやすいです。

藤江 情報量が多くて、プレゼンテーションの1枚目を見ただけで大体わかってしまう。

棗田 断面図だけが少し残念ですが、空間把握能力や設計力があるのを感じます。複雑な形態だけれどしっかり考えられています。

種田 この手の複雑な空間をCGで検討する人は多いですが、模型をつくりながらどう絡み合うかを検討して、スケール感を意識しているから、かなり複雑な立体が収まっている感じがします。逆に言うと、模型で考えているから断面は上手く表現できていません。

藤江 家具の配置もスタディが足りていない気がします。これだけ模型をつくれるなら、本を置く場所と読む場所は、一番いい場所を選べると思います。

種田 続いてNo.0175です。大きい屋根をかけて中にバラバラな空間をつくるのは、多様な学びを誘発するオープンスクールの考え方と合っていて面白そうです。

棗田 空間が気持ちよさそうだと思いました。ただ、やりたいことはわかるけれど、それが表現しきれていない感じがします。

種田 図面のスケールがもっとわかるといいですね。

棗田 教室の配置やニッチなスキマのつくり方など、内観の見せ方によっては良くなるかもしれません。

藤江 地形が複雑なので本当に上手くいくのか怪しいのですが、ミステリアスな要素に期待を持ってしまう思わせぶりな作品です。

種田 屋根が取り上げられすぎているので、内部がどうなっているのか見たかったですね。

No.0444「都市のポーラス」
市原 優希（早稲田大学3年）

No.0433「循環するメディア」
小泉 満里奈（早稲田大学3年）

No.0175「共に時を刻む学び舎」
松野 百花（神奈川大学3年）

本選 審査員

石井 秀幸
Hideyuki Ishii

スタジオテラ 共同主宰

1979年	東京都生まれ
2005年	ベルラーヘ・インスティテュート（オランダ）卒業
2005-08年	久米設計
2008-12年	LPD
2013年	スタジオテラ設立（パートナーの野田亜木子氏と共同主宰）
2017年-	山梨県景観アドバイザー
2017年-	千葉大学、武蔵野美術大学 非常勤講師
2020年-	東京理科大学 非常勤講師
2020年-	アベケイスケ氏とともにまちの交流拠点として、シェア型本屋などを含むノミガワスタジオを設立

石上 純也
Junya Ishigami

石上純也建築設計事務所 代表

1974年	神奈川県生まれ
2000年	東京藝術大学大学院美術研究科建築専攻修士課程修了
2000-04年	妹島和世建築設計事務所勤務
2004年	石上純也建築設計事務所設立
2009-11年	東京理科大学 非常勤講師
2010-12年	東北大学大学院 特任准教授
2014年	ハーバード大学デザイン大学院 客員教授
2015年	プリンストン大学大学院 客員教授
2016年	メンドリジオ建築アカデミー 客員教授
2017年	オスロ大学大学院 客員教授
2017年	コロンビア大学大学院 客員教授

菅 健太郎
Kentaro Suga

Arup 環境設備リーダー／
京都工芸繊維大学 特任准教授

1977年	東京都生まれ
2001年	早稲田大学理工学部建築学科卒業
2003年	東京大学大学院工学系研究科建築学専攻修士課程修了
2003-09年	久米設計
2009年-	Arup
2022年-	京都工芸繊維大学特任准教授

冨永 祥子
Hiroko Tominaga

福島加津也＋冨永祥子
建築設計事務所 共同主宰／
工学院大学 教授

1967年	福岡県生まれ
1990年	東京藝術大学美術学部建築科卒業
1992年	東京藝術大学大学院美術研究科修了
1992-2002年	香山壽夫建築研究所
2003年-	福島加津也＋冨永祥子建築設計事務所
2011年-	工学院大学建築学部建築デザイン学科 教授

浜田 英明
Hideaki Hamada

浜田英明建築構造設計 主宰／
法政大学 教授

1981年	石川県生まれ
2006年	名古屋大学大学院 環境学研究科修士課程修了
2006-13年	佐々木睦朗構造計画研究所
2011年	名古屋大学大学院 環境学研究科博士課程 修了、博士（工学）
2013年	法政大学 専任講師、 浜田英明建築構造設計設立
2017年	法政大学 准教授
2021年-	法政大学 教授

日野 雅司
Masashi Hino

SALHAUS 共同主宰／
東京電機大学 准教授

1973年	兵庫県生まれ
1996年	東京大学工学部建築学科 卒業
1998年	東京大学大学院 工学系研究科建築学専攻 修士課程修了
1998-2005年	山本理顕設計工場
2007-10年	横浜国立大学Y-GSA 設計助手
2008年	SALHAUS設立
2014-17年	グッドデザイン賞 審査委員
2017年-	東京電機大学未来科学部 准教授

総合司会

西田 司
Osamu Nishida

オンデザインパートナーズ 主宰／
東京理科大学 准教授

1976年	神奈川県生まれ
1999年	横浜国立大学卒業
2002-7年	東京都立大学大学院 助手
2004年	オンデザインパートナーズ 設立
2005-09年	横浜国立大学大学院Y-GSA 助手
2019年-	東京理科大学 准教授

巡回審査

本選で午前中に実施されたのが、会場に展示された100選の作品を審査員が廻る巡回審査。出展者が各自の模型・パネルの前に立ち、プレゼンテーションと質疑応答をするポスターセッション形式での審査となる。全ての審査員が全作品を巡回し終えた後、各審査員が10作品に票を投じ、得票数の多い上位10作品が公開審査の最終議論に進み、最優秀賞の栄冠を競い合う。投票の結果、40作品以上が票を獲得する接戦となり、その中で複数の審査員から票を得た10作品が公開審査へと駒を進めた。

10選

No.	作品名／出展者	得票数
0004	月島立面路地住宅／髙橋 陽果（慶應義塾大学3年）	3
0040	参道を熟成す／清水 大暉（法政大学3年）	3
0112	清澄アーカイブス／半田 洋久（芝浦工業大学3年）	4
0206	水育館／姫野 由衣（日本大学3年）	2
0208	重層的共生／菊池 康太（日本大学3年）	3
0224	内なる美を引き出す／一杉 健洋（早稲田大学3年）	2
0359	ふわり めぐる／渡邉 芽（近畿大学3年）	3
0499	Uplift Books／三上 翔三（工学院大学3年）	2
0525	自然を伝う／渡部 壮介（関東学院大学3年）	2
0556	情報創造地区生業／竜谷 匠・渡邉 匠・白澤 和真（東京理科大学3年）	4

公開審査 最終議論

過去最多となるエントリー総数559作品から本選に進んだ100選。そこから巡回審査を突破した10作品が、公開でのプレゼンテーションと質疑応答に挑んだ。そしていよいよ迎える最後のディスカッション。最優秀賞を決めるべく、6名の審査員がルーキーたちの作品を掘り下げ批評する。2023年の首都圏No.1 Rookieの栄冠はどの作品に輝くのか!?

どこまでが課題の設定なのか

[西田] それでは最終議論を始めます。各審査員に10選作品から3作品を選び、3点、2点、1点を投じていただきましたので、順番に見ていきます。石井さんは3点が0206番、2点が0208番、1点が0359番です。石上さんは3点が0004番、2点が0206番、1点が0359番。菅さんは3点が0112番、2点が0556番、1点が0359番。冨永さんは3点が0112番、2点が0556番、1点が0004番。浜田さんは3点が0208番、2点が0112番、1点が0499番。日野さんは3点が0556番、2点が0112番、1点が0224番です。点数が入った作品を議論の対象にしたいと思いますので、点数の低い順からまずは0224番と0499番です。1点なので最優秀賞の議論に残るのは難し

いと思いますが、票を入れた先生にコメントをいただきます。0224番は日野さん、お願いします。

[日野] この作品は地面のどこを掘ってどこを盛ったのかが少し不明瞭で、盛土していそうなところになぜか基礎が残っているなど、操作の仕方があまり明確に伝わってきませんでした。しかし、このサイトで彫刻をどういう形で見せていくべきか、きちんと正面から向き合っています。一つひとつがつくり込まれた展示の方法を提案していて、課題に対する答え方として非常に真摯です。盛る操作そのものにも可能性があると思ったので票を入れました。どの作品も理解しきれない部分があって、この作品もそうですが、それを補って余るぐらいの展示環境の魅力があると思います。

[西田] 続いて0499番は浜田さん。

[浜田] この作品は階段状の空間をつくると裏側がかなり大変だと思ったのですが、その辺の対比の仕方がとても上手で、地形とリンクさせて洞窟的な空間をつくるのは面白いと思いました。気になったのは、小屋はそうした対比で整然と並べているけれど、構造的に少し無理があるところです。構造的な工夫で空間を変えていくことで、もっと良くなると思いました。

[西田] では次に、1点が3票という積み上げ方で合計3点の0359番です。点を入れた石井さんから順にお願いします。

構造的な工夫で空間を変えていくことで、もっと良くなる —— 浜田

石井 川とのつながりや、川と川の合流点の土地性を生かしてパノラマで体験できるところにとても魅力を感じました。行くたびに水量が変わったり、生き物の個体数が増えていたり、新たな出会いが増幅しそうな辺りに可能性を感じました。

石上 ランドスケープと建築が一体的に解かれている感じが良かったです。美術館の機能的なところはわかりませんが、11個の建物と環境との関係の完成度が高いと思いました。

菅 デザインがとても上手いと思います。惜しむらくは、人が歩いていく時の環境や、水辺との関係のつくり込みなど、「もっとこうすれば良かったのに」という点がたくさんあることです。ただ、そういういろいろなインスピレーションを起こしてくれるという意味で評価しました。

西田 ではここから先は3点票を獲得している、各審査員が一番推している作品です。推しているポイント、推せないポイントをお願いします。まずは合計4点の0004番に3点票を入れている石上さん、いかがでしょうか？

石上 どこまでが課題の設定なのかわからないのですが、最終的に出来上がったものと問題の発見という点で面白いと思いました。外部との関係を近くするために建物の奥行き方向の操作をして、その関係性が敷地の特性にしっかり結びついていて、結果として出来上がる路地が新しい街並みをつくっているところなど、全体として秀逸です。

西田 次に1点を入れている冨永さん。3点ではないということですよね？

冨永 立面から考えるという発想がとてもいいし、この場所に合っていると思いました。「外観から中を連想させる」と言っていましたが、たとえば立面で開口部をつくる時に、表面だけで

なく路地から見上げて見える範囲まで、上手く奥行きを与えながら設計しているのは秀逸です。一方で、溢れ出しの話はこの提案の中でとても大事だと思うのですが、そこがバルコニーや植木といったやや表層的な溢れ出し要素で片付けられてしまっている気がしたので、点数としては1点にしました。「こういう操作によって、溢れ出しも今までと違うものができる」と、もう一つの提案をできていたらさらに良かったです。

西田 他の方も聞いてみたいことなどいかがですか？

菅 私もこれは最後まで点を入れようか悩みました。巡回審査で模型の屋根を外して見せてくれた内部空間がとても魅力的だったので、なぜそこをもっとアピールしなかったのでしょうか。何か補足があれば聞きたいです。

石井 僕も迷ったのですが、家族間のつながりについて、「バルコニーという空間でお互いの存在を感じる」という点にとても共感しています。雨が降ると義理のお母さんが洗濯物を取り込みに来てくれるなど接点ができるので、立体的につくって、生活の中できちんとお互いの存在を確かめ合うのはとてもいいと思いました。

西田 では0004番の髙橋さん、お願いします。

髙橋 課題は月島という地名だけが与えられて、「6人の家をつくる」というものだっ

10選 投票結果（各審査員が3点・2点・1点を3作品に投じる）

No.	作品名／出展者	石井	石上	菅	冨永	浜田	日野	合計
0004	月島立面路地住宅／髙橋 穂果（慶應義塾大学3年）		3		1			**4**
0040	参道を熟成す／清水 大暉（法政大学3年）							
0112	清澄アーカイブス／半田 洋久（芝浦工業大学3年）			3	3	2	2	**10**
0206	水育館／姫野 由衣（日本大学3年）	3	2					**5**
0208	重層的共生／菊池 康太（日本大学3年）	2				3		**5**
0224	内なる美を引き出す／一杉 健洋（早稲田大学3年）						1	**1**
0359	ふわり めぐる／渡邊 芽（近畿大学3年）	1	1	1				**3**
0499	Uplift Books／三上 翔三（工学院大学3年）					1		**1**
0525	自然を伝う／渡部 壮介（関東学院大学3年）							
0556	情報創造地区生業／亀谷 匠・渡邊 匠・吉澤 和真（東京理科大学3年）			2	2		3	**7**

たので、この変形地を選んだのも家族構成も自分の設定です。冨永さんと菅さんの質問ですが、洗濯物や植木鉢は溢れ出しているだけではなくて、中の空間をとても狭くしているので入りきらず、リビング空間などが出てきています。そういう本来内部空間にある機能を外に持ち出すことで、月島の溢れ出しを加速させるのがこの提案の魅力だと思っています。一方で、中の空間は立面から設計しているので、とても複雑な横にも縦にもずれる形状のため視線が通り、狭いけれど暮らしやすくなっています。

プレゼンを聞いて分かれた評価

西田 続いて合計5点の作品を見ていきます。0206番は石井さんが3点、石上さんが2点を入れています。

石井 課題自体が面白くてずるいのですが、この作品は、おそらく求められていないであろう水質環境や水質汚染といった課題にきちんと向き合っていることが評価に値します。0206番も0208番も、全体的な取り組みはこの課題では一つの敷地ですが、本当は港全体で少しずつ展開していくと徐々に魚が増えていったり、水がきれいになったり、そういうプロトタイプになる可能性を秘めていると思います。この敷地だけでなく、もっと増えていくといいなという期待を込めて3点を入れました。

石上 2点だった理由は、設計がまだ不十分だと思ったからです。水族館はどうしてもエンターテインメントとしての機能が重要視されて、それに伴って水槽を考えていきます。しかしこの作品は水槽をつくっていて、水族館自体はほとんどつくっていません。海の中の環境を整えて、その建築によってつくられる新しい環境を眺めて、「将来的に人間が使わなくなったとしても環境として残っていく」というコンセプトは優れていると思いました。

西田 票を入れていない方から、質問やコメントなどいかがですか？

浜田 考え方やコンセプトはとても共感できるし素晴らしいのですが、形がないので、構造をやっている人間としては推せませんでした。立体ボロノイは、今はGrasshopperを入れればつくれるので、頑張ってやって欲しかったです。

菅 お金を取って運営するのはもう持続可能ではないという

ことで、こういうコンセプトになったわけですよね。そうすると、この建物がどう使われるのか教えて欲しいです。

西田 では0206番の姫野さんお願いします。

姫野 アマモを水育館の外に移すためには、まず内部で苗を育てないといけないため、アマモを育てるための研究施設としての位置づけを考えています。それを考えつつ、集客も少しずつ見込めればいいなという想定で設計しました。

西田 続いて、同じく合計5点を獲得している0208番です。これは浜田さんが3点を入れています。

浜田 実は10選を選ぶ時には、かなりネガティブな提案に感じて票を入れませんでした。しかし話を聞いて、魚にかなり過酷なことをさせながら、人間に反省させるような施設であり、翻って海が良くなるというストーリーだと知り、そのうえで作品をもう一度見るとかなり統一感があると思いました。その意味では完成度が高く、ここで思い切って3点を入れました。

西田 次は石井さんですが、同じ水族館だけどこちらは2点です。

石井 課題が面白いと言いつつも、やはり作品の魅力は正当に評価して点を入れたいです。多くの人が何かを汚染しているという状況を日常であまり理解していないし、大人も目を背けているようなことが今まさに起きています。それを皆でしっかりと理解する施設はとても大事で、きれいなものばかりが本当の世界ではないことを伝えるという意気込みがすごくて、考え抜いた深さにとても共感しました。あとは構造や設備などを詰め

ていくと、形で優先したのではなく必要なものだと説明できたと思います。

西田 他にコメントなどいかがですか？

菅 私は浜田さんと逆で、プレゼンを聞いて少し違うと感じたのですが、純粋に価値観や好みの違いだと思って聞いてください。ゴミ問題ばかりがフォーカスされるとこの水族館に行きたいというモチベーションが湧かず、説教されるために行くというのが少し残念だと思います。最後に浄化した姿を見せるなど、できれば前向きなコンセプトを強調してくれると良かったです。魚のための生育のスペースは大事なので、そこも前向きに捉えて考え直すともっといい作品になったと思います。

冨永 この作品で面白いと思った点は、一方的な視点で水槽を眺める水族館が多い中で、絵画を潜り抜けていくような内部の連続体験です。魚にとってはやや辛い環境かもしれませんが、体験してみたいと思わせる空間が魅力的でした。しかし、それをかき消してしまうぐらい額縁の枠の造形がとても強いので、そこはもう少しスタディをする余地があると思い票を入れませんでした。

日野 僕もプレゼンを聞いて、良い印象に変わった作品の一つでした。しかし、門型のフレームが波をモチーフにしているのだとすると、それがどういう効果をもたらしているのかまで説明して欲しいと思います。何かからヒントを得て形を決めるのはいいのだけれど、彫刻的なもので終わってしまっています。建築は一種の彫刻かもしれないのでそれ自体は否定しませんが、何かをきっかけにつくった形なので、「こういう効果がある」と結びつけて語って欲しかったです。それが展開しきれず、皆が感じている魅力とこの形が合っていない気がしました。

西田 0208番の菊池くん、日野さんの質問に「こう考えています」と言った方がいい気がします。

菊池 水族館である以上、海をモチーフにした形状はある

べきだと考え、同時に芸術をモチーフに額縁という形状を用いました。海の隣に急に額縁が現れるだけでは浮いてしまうので、額縁と海に寄り添うことのバランスを取るために波の形にしています。ただ、もう少しずらすなど面白い形状ができたかもしれないので、もっとブラッシュアップできれば良かったです。冨永先生の「額縁が大きい」という意見ですが、パイプスペースやダクトスペースを絵画の中に設けたくなくて、全て額縁の中に入れているため、スケール感が少し大きくなりました。そして石井先生がおっしゃったように、そこを大きくしたのなら給餌スペースなどを設ければ良かったと、今とても強く思っています。菅先生の「ナーバスなイメージで終わる」という意見ですが、動線計画では、最後に1階のきれいな海を見て終わるように意識してつくっています。

僅差で差がついた「建築的な面白さ」

西田 次に、合計7点の0556番。3点を入れているのは日野さんです。

日野 これは図書館に新しいプログラムを組み合わせて、新しい建築をつくるというチャレンジだと捉えました。図書館と組み合わせるのは、ヘルシンキの「Oodi」など海外での事例が多く、建築とどう結びつけるかという面白さは個人的にとても興味がありました。この作品は、町工場自体は新しいものではないけれど、それを図書館に持ち込むことで、見たことのないような建築に感じられて点数を入れました。一方で、町工場にすることで「まちに開く」と言っていましたが、町工場はそれほどまちに開いた建築ではないので、町工場のタイポロジーをクリアに説明しつつ「こういうところを採用している」と説明してくれると腑に落ちたと思います。3点と2点の作品にほとんど差を感じていなくて悩んだのですが、僅差でこちらがいいと思いました。

西田 菅さんと冨永さんが2点を入れています。

菅 町工場と図書館は結びつかないような印象があるけれど、ものづくりの高度なエンジニアリングと知識を結びつけることで、いろいろな関連性が見えてきました。ただ、もう少し町工場にフォーカスしても良かったです。単に一般市民が図書館に来て工房の様子を見るという、それ以上の関係も追求できるなど、もっと発展性があると思って3点にはしませんでした。

冨永 私も0112番と迷ったのですが、この作品はプログラムが素晴らしく、図書館という老若男女が来る施設と町工場を組み合わせて、職人を増やしていくとかものづくりの面白さを伝えていくという提案はとても良いと思いました。ただ、そこからどういう空間ができているのかが見えてこなかった感じがします。図書館が町工場にくるまれているようなイメージは面白いのですが、こうすることでどういう図書館ができているのか、もっと具体的な形にできていると、強い提案になったと思います。建築としてどう提案しているかという点において、本当に僅差でしたが差が付きました。

西田 他の方はいかがでしょうか？

石上 正直よくわからなかったです。この地域の特徴である工場と図書館を結びつけるところまでは理解できたけれど、たとえばこの地域に一番貢献する2年貸しのところは、昼間は人がいないので、その空間自体は日常的には図書館とほとんど関連性がありません。2カ月貸しのところも、アーティスト・イン・レジデンスと工場の違いがわからず、「工場」という地域の特徴であるワードを使っているだけで、空間的な特徴ができていなくて魅力を感じませんでした。

石井 「日中はいない」という話については、工場の音や匂いなどといった生々しさと図書館や他の人の生活が混じり合うととても面白いので、そこのリアリティーの部分に疑問を持ちました。工場でつくった作品を見せるのも、職人の仕事とアート作品がごちゃ混ぜになっている印象を受けたので、そこがもう少し明確だと良かったです。

西田 では0556番の亀谷くんお願いします。

亀谷 町工場へのもう少し深い理解という点では、リサーチで「仲間まわし」というものを知りました。これは同じ地域で一つのものをつくる際に、一店舗ずつさまざまな業者を回ってそれぞれの加工を行い、最終的に出来上がるというものです。つまり、町工場の職人同士は深いつながりがあるのですが、それが市民には見えていないことが問題だと思いました。そこで市民が無差別に集う図書館と合体させることで、そのリレーション

シップを可視化できないかと模索した結果がこの提案です。3階住宅部分の共有バルコニーに集うことでできた関係性を将来につなげて、町工場のものづくり文化の発展をより促せると考え、建築として空間的に落とし込みました。2年プランで「日中はいない」という点は、図書館は静かに過ごしたい人もいれば、そうでない人もいるので、グラデーションでいろいろな空間があった方が面白いと考えました。

石上 「工場の職人」というワードだけを使って、「何かつくれるのではないか」というのは少し違うと思います。この地域に工場があるのなら、地域自体の社会的なストラクチャーや工場自体の成り立ちまで踏み込むべきで、それが説明だけで入っているという印象でした。工場と図書館を組み合わせるのは、音の問題やプログラムとの親和性の問題でかなり難しいので、図書館が分棟であるとか、近くにそういうエリアがあるというだけでもいいと思います。建築との一体感を考えると、なぜこれが一つである必要があるのでしょうか？

亀谷 分棟にしなかったのは、図書館を導入部分として市民とつながって欲しかったからです。また、町工場のような見た目を取り込んだのは、ファサードを見た時に、「町工場にはこういう面白さがある」というのを市民に感じて欲しいからです。だから町工場の住宅の増築の要素や、屋外階段という要素を空間的に落とし込みました。

石井 仲間まわしや、会話しているところに子どもたちが入ってきたり、近隣に面白い人がやって来て仕事が増えたり、その生々しい空間でいろいろな人と接点を持てるのが図書館の役割だと思うので、新しい職人さんが増えていくといいですね。しかし少しテンポラリーで、何か期待が大きいだけで、実際にこの工場が影響力を持つとはあまり感じられません。だからもっとリアルなものがあればさらに良くなると思います。

西田 日野さんはいかがですか？

日野 従来の町工場の活動をここに持ち込む、ということではなくて、もっと新しいものづくりの形を想定した方が良いので

はないでしょうか。ものづくり自体はデジタル化などで変わってきているので、大きな音が出るといった問題はないはずです。それから、町工場と連携してここに人がいてくれるのは素晴らしいのですが、実際はこうした公共複合施設の中で、誰が工房を管理できるのかという問題があります。プロの人たちが住み込んで、自分たちの活動もして、来た人たちにも技術をシェアする存在になるといったことの方が大事だと思います。つまり、この施設にふさわしい町工場としての役割をここにどう持ち込めるか、たとえば仕事を横流ししたり、技術をシェアしたりと

いうような構造を想定するならば、それをこの中に建築として落とし込んで、もっとクリアに出すことで見え方が変わるのではないかという期待を持っています。建築的な面白さにつなげるという意味ではもう一歩足りないのですが、期待も込めて、このテーマで進めていけば面白い建築になりそうだと思い3点を入れました。

敷地を選ぶセンスとその先の提案

西田 最後に、合計10点を獲得している0112番です。これは

> 建築的な面白さにつなげるという意味ではもう一歩足りない —— 日野

唯一、2名が3点を入れている作品です。菅さんと冨永さん、コメントをいただけますか？

菅 3点を入れた理由は、純粋に図書館という機能をこの中に入れたところに新しさを感じたからです。長細い空間で図書館には向いていないと思い、巡回審査でも質問したのですが、「入口を3箇所に絞って図書館の機能も守っている」と言っていて少し残念でしたが、与えられた課題のプログラムだという説明もありました。既存の建物を使って記憶を残しながら、新しい機能を持たせてまちの魅力も更新していくというのは、今一番求められているテーマで、かつオリジナリティもあると思いました。

冨永 これは敷地全体がとても細長いし、空間は小さな単位が横一列に並んで奥行きもなく、相当扱いにくい建物ですが、それに対してかなり積極的に改修提案しているところを高く評価しています。断面を見ると、庭園側の方は以前住民たちがコミュニケーションを取っていたバルコニーの空間をまた違う形で解釈して、ダイナミックに横に抜くという操作をしています。また1階、2階では、挿入した構造補強が連続的に繰り返され、新しい見え方を提案しています。確かに上のテナントの部分にもう一つ積極的な提案があればさらに強い作品になったと思いますが、しっかりとリサーチし、オリジナルをリスペクトして、それを超えるものをつくろうという姿勢はとても素晴らしいです。

西田 浜田さんと日野さんは3点ではなく2点です。

浜田 僕はここを調査したことがありますが、関東大震災での反省を踏まえて「防火壁をつくる」という強い使命感がある中で、住民がいろいろなことをやっていて混沌とした感じが面白いです。それを保存するための方策として、図書館と空間をダイナミックに変えながら耐震補強をしていくという、そのバランスが素晴らしいと思いました。2点にしたのは、ごちゃごちゃした感じが面白い場所なのに補強が画一的で、増築部分の読書空間も一本道で並んでいるのが気になったからです。提案として完成度は高いけれど、律儀に耐震補強を入れすぎているので、もう少しいろいろな空間をつくった方が良かったです。

日野 0556番とあまり差はなく、非常に評価しています。少し差を付けたのは、リノベーションとして元々の建物がとても面白く、その発見は素晴らしいのですが、少しフェアではないと思ったことです。リノベだからこそできることがあって、長い廊下の読書空間も、もっと踏み込んだ提案ができたと思います。震災復興住宅がほとんど残っていない現状で、この建物だけが

100年近い時を経て、いろいろな歴史を積み上げてきたことをどうリスペクトするかが非常に大事です。それが納得できるところもあるし、少しやりすぎていると思うところもあるので、全体としてはとても面白い提案だけれど2点にしました。

石上 敷地の設定や空間構成など、どこまでが課題だったのですか？

半田 清澄白河付近に建てるということで敷地は決まっていません。蔵書数と読書する座席数だけが指定されているという比較的緩めの課題でした。

石上 敷地を選ぶセンスは建築家にとって最も重要なものの一つだと思うので、そこはとても評価していて、ここを選んだところまでは素晴らしいのですが、そこから先は疑問しかあり

増築されたものを維持しようとするから構造が増えていく ── 石井

ません。これだけ特徴的な空間をつくれる場所なのに、なぜシステマティックに空間をつくるのでしょうか。リノベーションであれば躯体をどう残してどう壊すかというところも非常に重要な要素ですが、補強の仕方もかなり画一的です。また、敷地の読み方と建物の持つポテンシャルとして、読書空間を西側に持ってくるのは「庭を見る」という観点では良いけれど、午後に読書する人が多いと考えると窓のカーテンが閉められると思うので、そういうところで読書ができるのでしょうか。この建物は成り立ちからしても道に開いているので、大きなパブリック空間である読書空間を全て道の裏側に持ってくるのは、公共建築として疑問です。元々のビルディングタイプを考えて、今までの使われ方と同じように、どこからでもアクセスできる構成

にしても良かったと思います。

　また、上の増築部分のスペースは、読書空間など新しく入るプログラムに対して適切なものを選べるような空間だと思います。いろいろな増築の仕方があるのだから、それぞれの特徴を生かして、その独特な空間にどのようなプログラムを与えていくのか、もっと考えることができたはずです。しかし、そこをテナントにしてしまうと、内装をやり変えられてしまう可能性もあるので、そうなると一番個性的なところまでもが均一化されて、建物の良さを破壊してしまいます。

石井　僕はもっと減築して欲しかったです。増築されたものを維持しようとするから構造が増えていくし、二層にすることで、通りから庭園や公園の木々が見えたり、逆に公園や庭園からそ

の先に空が抜けて見えたり、もっとまちとしてつながりが生まれるところを四層までキープするのは、いろいろな意味で無理をしていると感じました。この長い直線的な空間を移動しながら「何が起きるんだろう」と、それだけを追い求めてもとても楽しいし、減築して風や視線の抜けをつくることで、もっといろいろなことができそうだと見ていました。

白熱する議論の末に、最優秀賞決定！

西田 では半田くんいかがですか？

半田 敷地を選ぶセンスという話は、フィクションがとても多い学校の設計課題の中で、他者をどう巻き込んで取り込みながら、制約の中で自分のフィクションをどう転がしていくか、その塩梅がとても難しいと思っています。その中で、図書館という課題が与えられた時に、そこに時間を溜め込んだような建築を探してみようというのが最初の視点でした。だからリサーチにはかなり時間を掛けています。

石上さんの意見はおっしゃる通りだと思います。そう言ってしまうと負けた気がして良くないのですが、実際に実力が至らなかった部分です。しかし、そこに向き合う中で自分がどう応答していくか取捨選択をする際に、絶対に正解はないと思っています。間違いもないと信じているのですが、そこにあるものを知るのにも限度があるし、取捨選択をするといろいろな意見が出てくるのも事実で、その中で過去と地続きになったところ

で考えたかったのです。新しいものを入れるという案もあったと思います。ですが、図書館の文脈を自分なりに建築として紡いでいくうえで、過去と地続きになった振る舞いや機能を考えた時に、そういう選択をしたというのが経緯です。だから、もっと上手く形式的な面白さを使う要素もあったかもしれません。

石上 読書空間が最も特徴

的な空間の一つだと思いますが、そうであれば建物の一番の特徴である道路との関係性を考えるべきで、もう少し道路にはみ出すようにつくるとか、道路側につくっても良かった。全部まとめて庭園側にあるのも一つの考え方かもしれないけれど、全部を一つの象徴的な空間としてこれほど長く庭園側につくる必要があるのか、機能的な意味でも、窓のカーテンが閉められてしまうことを含めても、そこだけで解くのは疑問です。

半田 3階に道を通して、バランスが取れていると考えました。確かに裏に全てを通すという操作や判断は、暴力的で大胆に見えると思います。でも実際の使われ方としては、そこに入るために、「地域交流書室」と名付けたところやコンコースを通っていくなどさまざまな接地性を考えていて、象徴性にオールインするような姿勢を僕は取っていません。

日野 通り沿いに入れられたいろいろな部屋を、もう少しポジティブに捉え直して説明してくれた方がわかりやすかったです。今はむしろ読書空間の方がメインの空間ではないかと問われていますが、あえてそれを裏に持ってきたのであれば表側をどう考えたのか説明するべきで、3階の道という話は論点がずれてしまっています。1階の接道している空間がとても大事だとしても、このプログラムからはよくわかりません。事務室と書いてあるけれど、この規模の図書館に事務室はそれほど大きくは必要ないと思ってしまう。プレゼンの仕方によって受け取られる印象が変わったかもしれません。

石上 プレゼンボードを見ると、現代も昔もファサードがとても特徴的ですが、それは中の所有者が違うから出来上がっていると思います。それを一体的な建築にした時に、中のプログラムとファサードや外部との関係が重要なはずですが、それをほとんど考えず、ファサードだけ残しているように見えてしまいます。

半田 構造形式が一体なのに、空間がセパレートされているというのが竣工時の面白いポイントですが、実際は現在いろいろ

な使われ方をしています。壁を抜くという操作に至ったのも、すでに抜かれている部分があったからです。現時点での形式的な面白さを考えると、表層がセパレートされているのに空間が同一で、つながっているのはまた新しい一つの転換点になると思っています。

石上 最初のプランニングとしては、基本的には同じような部屋が並ぶ画一的なプランで、形式性自体はあるけれど、そこを崩すように住み手が増改築を繰り返して今の魅力になっていると思います。そういう意味では、形式性を重視するのも大切かもしれません。しかし、形式性が壊された現状のコンテクストをどう読み解いて、新しいプログラムに変えていくかが一番面白くなるべきところで、そこにほとんど触れていないのが疑問です。

半田 一つだけ補足すると、「地域交流書室」はすでにテナントとして店が残っている場所です。そうした文脈を受け継ぎながら、石上さんがおっしゃった単調な空間の中に、新築の壁が上に抜けているといった操作を入れています。そういう細かい設計の中で、この細長い空間の異質なリズムがつくられているというのは、元々のコンテクストを引用していると言えますか？

石上 言えるのではないですか。

菅 私も石上さんがおっしゃることはもっともだと思うので、案を詰めていく糧にしてもらえればいいと思います。断面も表現したい構造だけを表現して、それ以外が希薄なので、もう少し周囲との関係を描き込んでも良かったです。西日の話も木があるので、どういう関係でここに配置しているのかなどもう少

し描きながら読み解いて、きちんと説明するべきだと思いました。

冨永 読書スペースの上に長く抜けた空間や、補強の鉄骨フレームで変質させた空間など、この断面で大きく3つの空間をつくったものの、長いので単調さが目立ってしまったという感じでしょうか。確かにバリエーションがあった方がいいし、3つの空間の良さを断面でもっとしっかり表現できていれば良かったかなと思います。「空間の質を読み取って3つに分けた中の用途は将来変わってもいい」というスタンスで話をした方が、もっと話を展開できたかも。でも学生でこういう提案ができたことは、突っ込みどころはあるけれど素晴らしいと思います。

西田 以上で一通り見ていきました。ここで1人1票の最終投票を行います。一番得票数が多かったものが最優秀賞で、次点の2作品が優秀賞です。

最終投票（各審査員1票）

No.	石井	石上	菅	冨永	浜田	日野	合計
0004		○					1
0112			○	○			2
0206	○						1
0208					○		1
0224							
0359							
0499							
0556						○	1

では投票結果を見てみましょう。0112番が最多の2票で最優秀賞に決定です。おめでとうございます！そして次点が4作品に割れていますので挙手で決めたいと思います。

☙

0004番、2票
0206番、1票
0208番、1票
0556番、2票

優秀賞は0004番と0556番です。おめでとうございます！

授賞作品

順位	No.	作品名／出展者
最優秀賞	0112	清澄アーカイブス／半田 洋久（芝浦工業大学3年）
優秀賞	0004	月島立面路地住宅／髙橋 穂果（慶應義塾大学3年）
	0556	情報創造地区生業／亀谷 匠・渡邉 匠・吉澤 和真（東京理科大学3年）
ポラス賞	0359	ふわり めぐる／渡邉 芽（近畿大学3年）
誠賀建設賞	0208	重層的共生／菊池 康太（日本大学3年）
総合資格賞	0499	Uplift Books／三上 翔三（工学院大学3年）
佳作	0040	参道を熟成す／清水 大暉（法政大学3年）
	0206	水育館／姫野 由衣（日本大学3年）
	0224	内なる美を引き出す／一杉 健洋（早稲田大学3年）
	0525	自然を伝う／渡部 壮介（関東学院大学3年）
石井秀幸賞	0166	海脈を紡ぐ／若松 瑠冴（日本大学3年）
石上純也賞	0534	点とふち／牧田 紗英（早稲田大学3年）
菅健太郎賞	0162	出来事の予感／白﨑 暉（法政大学3年）
冨永祥子賞	0120	Footpath between rooms／知念 啓人（東京理科大学2年）
浜田英明賞	0231	壁にもたれかかる椅子／小栗 章太郎（慶應義塾大学3年）
日野雅司賞	0152	しおりの行方／柏木 宏太（法政大学3年）

授賞式

　最終議論で最優秀賞、優秀賞が決定し、全ての審査を終えて
迎えた授賞式。はじめに最優秀賞と優秀賞の3組に賞状と盾、
副賞として模型材料が贈られた。次に、最優秀賞の半田さん、
優秀賞の髙橋さん、亀谷さんから喜びのスピーチが述べられ、
晴れやかな表情が会場を盛り上げた。続いてスポンサー賞とし
てポラス賞、誠賀建設賞、総合資格賞、佳作を授与。また10選
以外の作品の中から各審査員賞が発表された。最後は、前回大
会までと同様に100選出展者全員への特別賞の授与が、運営
事務局長の田中雅弘氏より発表され、審査会の熱気冷めやらぬ
中、第3回目の『建築学縁祭 〜Rookie選〜』は閉幕した。

審査員総評

石井 秀幸

熱量が溢れる場に立ち会えた
幸せな時間

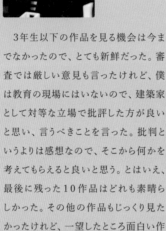

石上 純也

建築家として
対等な立場で批評した

菅 健太郎

目をつむった部分も
たくさんあった

皆さんが出展された作品は、それぞれの学校で課題として出されて取り組んだ時期も含めると、実はとても長い時間を掛けて打ち込んでつくり上げられたものだと思う。それが皆さんのプレゼンや質疑応答から非常に伝わってくる審査会だった。

巡回審査では時間の制限があるため、ほとんど話ができない作品もあって胸が痛み、皆さんともっといろいろな対話をしたかったというちょっとした後悔もある。しかし、このような皆さんの熱量が溢れる場に審査員として立ち会えたことはとても幸せな時間で、参加できて本当に良かったと思う。皆さんはこれからも建築を学び続け、ますます活躍していくと思うので、またどこかで会えることを期待している。

3年生以下の作品を見る機会は今までなかったので、とても新鮮だった。審査では厳しい意見も言ったけれど、僕は教育の現場にはいないので、建築家として対等な立場で批評した方が良いと思い、言うべきことを言った。批判というよりは感想なので、そこから何かを考えてもらえると良いと思う。とはいえ、最後に残った10作品はどれも素晴らしかった。その他の作品もじっくり見たかったけれど、一望したところ面白い作品、好奇心を掻き立てるような作品が多くあった。

建築を続けるモチベーションとして、こういう場で皆から意見をもらうことは重要で、自分の主観に偏らず、創作性を上げていくのに必要なので、こういう場には今後も挑戦し続けて欲しい。

皆さんの作品を見て、「3年生以下でここまでの作品をよくつくれたな」と感心するものが多くあったけれど、一方で、「3年生以下だから仕方ない」と目をつむった部分もたくさんあった。図面の表現にしてもどこが吹き抜けかわからないなど、まだまだ足りない部分が見られたので、そういったところはこれから腕を磨いて力を付けていって欲しい。

皆さんはコロナ禍で、対面での講義や仲間と徹夜で模型をつくるといった経験があまりできなかった世代かもしれない。しかしその中でも、これだけの作品をつくれたことは素晴らしいと感じた。コロナ禍が落ち着いてきて、これからもっと活動の幅が広がっていくので、建築をさらに楽しんで続けてもらいたい。

自分自身が何者なのかを問われる場

冨永 祥子

3年生以下の作品、かつ課題もそれぞれ異なるものが100作品あるということで、まずは皆さんの熱気に応えたいと思って審査した。全てをじっくり見ることができていれば、また違った作品を10選や賞に選んでいたと思うが、今日できるベストを尽くして各賞を選ばせてもらった。

一方でコンペにおける審査員は、ただ他者を審査するのではなく、「自分自身が何者なのか」を問われる立場にある。他の方の意見を伺いながら、それに対して自分はどう考えるのか。繰り返し問い続けることで私自身を鍛えていく格好の場でもある。要するに私たちも別に完成されているわけではなく、今も成長を続けている途中なので、学生の皆さんもますます建築を頑張って欲しい。

模型は押して感じ取ってスタディする

浜田 英明

建築の意匠の審査員を務めるのはほとんど初めての経験で、非常に刺激的だった。

模型を見ていつも思うのは、皆さんは1/50や1/100で模型をつくるけど、スチボは強度の高い材料なので、つくっている模型をそのまま50倍、100倍しても構造として成立しないということ。しかし、その模型で構造的な性能や施工性を計る方法があって、たとえば1/100の模型では20gぐらいの力で押すことで、目に見えるくらいの変形がなければ、そのまま拡大しても構造として成立する。これは川口衞先生が「Touch and Feel模型」と言っていたもので、これから模型をつくる際は押して感じ取って、システムの発展的なところをスタディしてもらいたい。それを目安にして今後も頑張って欲しい。

形式の先に何があるのか、その先を考える

日野 雅司

建築を学ぶ多くの学生たちが、これだけの熱量を持って研鑽を積んでいることを目の当たりにして、今日はとても圧倒された。

3年生以下の学び初めの時期にデザインをする際は、何か手本になるものを見て、形式を学びながらつくっていくと思う。今日もそういった形式性の強い案が見られたけれど、上手くできている案と、その形式を使いきれていない案に分かれていた。形式から学ぶことは大事だけれど、最後の10作品の審査では、形式よりももう一歩先の議論がされていたので、形式の先に何があるのかをこれから学んでもらいたい。先輩の作品や卒業設計展での受賞作品など、周りの作品を真似したくなってもそこは踏みとどまって、本質を考えてもらえると良いと思う。

渡邉 匠さん　　吉澤 和真さん　　亀谷 匠さん

半田 洋久さん

髙橋 穂果さん

受賞者たちが見た
～Rookie選～という場所

最優秀賞・優秀賞に輝いた3組が、それぞれの学校で課題にどう取り組み、
そこからどのような想いで～Rookie選～の審査に臨んだのか。
また、印象に残った審査員の言葉、お互いの作品をどう見たのかなど、ざっくばらんに語っていただいた。
受賞者たちの言葉から、3回目を迎えた～Rookie選～のリアルな本質が見えてくる。

外へ飛び出して挑む

Q. ～Rookie選～への応募のきっかけは何ですか?

半田 2年生の時から存在は知っていて、「賞を獲ってやろう」
という気持ちはありましたが、実際に応募したら100選にも
引っ掛かりませんでした。会場に作品を見に行くと、「こんなに
すごい人がいるのか」というのを体感して、「次こそは賞を獲り
たい」という気持ちで今回応募しました。皆さんは前回も応募し
ましたか?

亀谷 今回が初めてです。

髙橋 私も初めてです。前回、大学の同級生である藤原彰大さ
んが優秀賞を受賞したのは知っていました。10選に選ばれた
と聞いて会場に足を運び、公開審査も見たのですが、100選の
方々の模型がすごくて、次回は私も応募したいと思いました。

亀谷 僕たちは大学で図書館の課題が出されたのですが、まっ
たく評価されず、紙の本を媒体とした既存の図書館ばかりが評
価されていました。僕たちがやろうとしたのは、図書館を仕掛
けとしながら社会全体を巻き込んで構築していくシステムとい

う、少し大きな規模だったのですが、学内ではそうした議論が
全くできなかったのです。そこで、「学外のコンペの方が向い
ているのではないか」と考えました。先生にも造形だけは評価
されていたので、コンペでは上手くいきそうな手応えはあって、
実際に応募したら上手くいきました(笑)。

**Q. 半田さんと髙橋さんは学内での評価はいかがでしたか?
そこからブラッシュアップしたところはありますか?**

半田 学内の提出や一次審査では、全く模型も表現も完成しま
せんでした。だから、～Rookie選～の一次審査と本選でプレボ
の内容は相当変わっていて、内容をほとんどブラッシュアップ
しています。学内では先生の推薦もあり最優秀賞をいただけま
したが表現が終わっていたわけではなく、一次審査のプレボで
もメインパースが廃墟みたいになってしまっていて。それを、
学外という「魅力がないと見てもらえない場」でもきちんと見て
もらえるように、～Rookie選～に向けて表現や素材を揃えて
いきました。

亀谷 これはいつの作品ですか?

半田 3年生前期の第2課題なので夏休み頃ですね。夏の間ずっと取り組んでいました。一次審査のプレボから図面はほとんど描き換えています。断面詳細図やグラフィックも、タイポグラフィも、意識して変えました。文章もほとんど変わっています。～Rookie選～に向けてというよりは、終わらなかった課題をずっとやっていたような感じです。皆さんは学内の授業で終わりましたか？

高橋 私の課題も3年前期でしたが、全く終わりませんでした。

亀谷 終わらなかったです。

高橋 私は学内の講評会の時点では屋根も家具もなく、壁だけでした（笑）。設計しながら講評会に向けてつくっている状態で、模型も汚くて、ただコンセプトだけはあったのでなぜか評価していただけました。その後に、合同発表会のため模型を一から全部つくり直しています。そして～Rookie選～のためにも模型を修正していて、コンペごとに長さの規定が違うのでその度に調整しています。

渡邉 僕たちも元々の敷地がかなり広かったので、規定のサイズに合わず、模型を切開しました。

亀谷 模型は手直ししましたが、コンセプトやパースやダイアグラムはすでに完成していて、図面も基本的には直していません。

半田 課題自体のポテンシャルも相当重要ですよね。

高橋 亀谷さんたちの課題は敷地がとても面白いです。私の課題では松原商店街と月島という地名なら自由に敷地が選べて、住宅で6名なら何をしてもいいという感じでした。

渡邉 僕たちはブラッシュアップをほとんどしていなくて、学内で評価されなかったけれど他では評価されるはずだと考え、「このまま応募しよう」となりました。

半田 すごい反骨精神ですね（笑）。

渡邉 自信がありました（笑）。会場に向かう電車の中でも、「これは絶対いける」と3人で言い合っていて、本当に10選に残ったのは驚きましたが、そのぐらいの意気込みでした。学内では「図書館としてどうか」という点で評価されませんでした。

亀谷 評価されたのは確かに優秀な作品でしたが紙媒体を扱うものばかりで、その枠を出たものは評価として対象外という雰囲気がありました。学外のコンペならそうではないと考えたのです。

半田 プログラムは圧倒的に新しいですよね。

亀谷 日野さんにもそこは評価していただきました。

半田 100選全て見たのですが、その中でも圧倒的に特異なことをやっている印象がありました。

審査員の視点を知る

Q. 他の方は自分の作品に自信はありましたか？

半田 自信はないです（笑）。ただ、コンペによって評価基準が違って、審査員や議論に参加した人によって評価される作品は変わると思います。その中で、自分が何を「確かさ」として設計していくかが自分の中でテーマとしてありました。僕はドローイングを適当に描いて、「これだ」と言えるような直感的なタイプではないので、敷地で感情移入の対象をどこに持っていくかがずっとテーマでした。だから自信はありませんが、「こういうことは評価されるだろう、価値があるだろう」ということはずっと考えていたので、その点で一番しっくり来ている作品ではあります。どのコンペでも正当にまんべんなく評価される作品にはなったと思います。

亀谷 アーカイブを実際の建築として形にしていくことで、ダイレクトに伝わってきました。だからこの作品は評価されるだろうと思っていました。

高橋 プレゼンもわかりやすかったです。

半田 評価される方向に持っていくのは仕方ないのですが、僕はコミュニケーションや人と共有可能な作品であることに執着を持って挑むタイプなので、そういう意味では集大成的な作品になりました。

高橋 私もそもそも学校の課題の時間内に終わらなかったので、自信はありませんでした。コンセプトには自信があって、好きで取り組んだ作品だから、「評価されなくてもいい」と思って学内の講評会へ出したら評価されました。他のコンペにも応募してみるとなぜか一次審査を通過してしまい、課題の出題者である中川エリカ先生に、「一次通過しました」と報告しに行きました。そこで、「これは絶対いいところまで残るから大丈夫だよ」

と言われたのですが、それでも自信がなくて、せめて目立つようにボードを黒背景にしています。

Q. 中川さんのアドバイスを受けて、
ブラッシュアップしましたか？

高橋 設計自体はあまり変えていませんが、コンセプトやプレボの見せ方をブラッシュアップしました。2年前に中川先生が審査員をされていたので、「審査員はこういうことを考えている」と教えていただき、どこをアピールすれば良いのかアドバイスをもらいました。

Q. 審査員の言葉で印象に残っているものはありますか？

亀谷 僕たちは日野さんに、「図書館に対して図書が絶対的な主役ではなくて、そこを入口としながら社会を巻き込んでいくシステム」というところを評価していただき、僕たちにとってはドンピシャで伝えたかったところでした。その一方で、石上さんからは「空間が面白くない」と痛烈な批判をいただき、ショックでしたが、空間についていろいろなコメントをしていただけたのは光栄でした。

半田 やりたいことやソフトウェアとか手法からアプローチしている作品は、どうしても空間が弱くなりがちだと思います。石上さんは他の人とは違う視点を持っている印象があって、形態や空間を一番見抜いており、そういう前提を持って議論をしようとしていたのは印象に残っています。

亀谷 あそこまで真っ向から建築の空間で勝負するのは憧れですね。

半田 一方、冨永さんは、僕や亀谷さんたちのように、やろうとしていることを伝えるタイプの作品に対しても、とても真剣に向き合ってくれていたと思います。「ここをもっとこうした方がいい」と、自分がやろうとしていることと建築の距離感などアドバイスをしてくださって、各々の審査員のスタンスや、付いている大学のポストとの距離感は印象的でした。

高橋 私は皆さんのように大きな議論をした審査員はいませんが、「もう少し中を見せてプレゼンすれば良かったね」と、西田さんや菅さんに言っていただいたので、その後に応募したコンペでは屋根を調整して内観の写真を追加して挑みました。

亀谷 僕は石井さんが最初の投票では一番推してくれていたのに、プレゼンをする度に評価が下がっていったのを覚えていま

す。自分がプレゼンに慣れていなくて、まだまだ改善の余地があるということで、話さない方が好印象だったのは悲しいですが(笑)。力不足でしたね。

半田 審査員が6名というのは多いですよね。

亀谷 さまざまな分野から審査員がいらしてました。だからバランスが取れている作品が評価されている印象があります。審査員が変われば順位も変わるような感じがします。

型にはまらない3作品

Q. お互いの作品に対する印象はいかがですか？

亀谷 僕たちの作品は、いい意味でも悪い意味でも押し付けが強い印象がありますが、半田さんの作品はそれがなかったです。優しいというか、人とのコミュニケーションを大事にしている印象です。

吉澤 オーラルヒストリーからは、住人に寄り添って意見を共有している感じが伝わりました。建築を建てる上でエゴの押し付けではなく、嫌味のない、人に寄り添っている感じがします。改築案としてそれは大事だと思いますし、そこが面白いと思いました。

亀谷 こういうコンペでは造形のダイナミックさが評価されやすいと思うのですが、そういう意味では半田さんの作品はあくまで改築です。それで高く評価されるのはすごいですよね。

髙橋 プレゼンもとても良かったです。～Rookie選～の後に開催されたコンペでも何度か見かけたのですが、毎回洗練されていました。作品が良いのは皆わかっているので、この審査員だったらどう伝えるかも考えて、いろいろ戦略を練っていたのが伝わりました。リノベーションの課題ではないのに、勝手にリノベーションしていたのが最初は面白かったです。～Rookie選～の前日に気になる作品の写真を撮っていたのですが、半田さんの作品も撮っていました。

亀谷 プレゼンにしてもプレボにしても、言葉の選び方が美しかったです。

半田 僕は「対話する」というところに作品と同じくらい心血を注いでいたので、それが同じように受賞した人に評価されるのは嬉しいです。

亀谷 髙橋さんの作品は模型の見せ方が上手かったです。

渡邉 添景も含めてとても綺麗で、模型の写真をたくさん撮らせていただきました。

髙橋 模型は添景も含めて、3Dプリンターとレーザープリンターでつくりました。カッターは使っていません。

半田 僕は現代建築や歴史上の建築と同じくらいコンペで学生設計を見るのが好きで、さまざまなアーカイブを見ていますが、その中でも他の作品から全く影響を受けていない作品だと思いました。立面から設計するという手法的な提案ですが、あったようでなかった手法ですし、斬新ですごいと思いました。建築学部ではないのにこの作品をつくったこともすごいです。

亀谷 ただ手法を見せるだけなら誰でもできると思いますが、ここまで形に仕上げるのがすごい。

髙橋 亀谷さんたちの作品は、やはりプログラムがとても良かったです。私はストーリーから入るタイプではないので、ストーリーから入っていって形として落とし込んでいるのはすごいです。こういう作品はストーリーが浮きがちですが、設計とリンクしています。敷地も尾久というのが面白くて、それときちんとリンクしているのが良かったです。

半田 プログラムを解いていく作品はあまり好きではないのですが、ここまでプログラムに向き合おうとすると、どこかでごまかしたり、抽象的な議論に落ち着いてしまったりすることが多いと思います。その中で、プログラムに向き合う真剣度や、自分たちが考えていることに対する姿勢は100選の中で圧倒的にエッジが効いている感じがしました。僕が勝手に10選を選ぶとしたら、本当に上位に入るだろうと思っていた作品です。プログラムや、その土地にどういう人がいるかという具体的なソフトウェアから議論した作品では、僕が過去に見た中で一番クオリティが高いです。

亀谷 僕もプログラムばかり考えすぎると浮いてしまうと思ったので、募集要項や具体的な値段設定までつくり込みました。1カ月の製作期間のうち、3週間は書類やプログラムなどに取り組んでいたので、これはぜひ見て欲しいです（笑）。

髙橋 募集要項は課題に組み込まれていたわけではないのですか？

亀谷 違います。

半田 それはすごい。

亀谷 プログラムを練りに練って、それで3人で喧嘩するくらいでした。そこまで具体的につくったからこそその提案です。形の設計は1週間ほどで仕上げたので、石上さんの「空間が面白くない」というご指摘はその通りだと思います。

髙橋 1週間で模型まで完成させたのはすごいですね。

半田 この3作品を並べて総括すると、どれもコンペのスキームにはまっていなくて、そこが面白いです。

髙橋 私は一度もコンペを見たことがなかったからかもしれません。逆に〜Rookie選〜が終わってから、学校によって多様な課題や作品があることを知りました。

半田 今回これだけ型にはまらない3作品があったので、次回の〜Rookie選〜がどうなるのか楽しみですね。

亀谷 今回の審査を見ていない人に出てきて欲しいです。

半田 でも、おそらく今後はこういった作品がスキームになって、選ばれなくなっていくのだと思います。今回の〜Rookie選〜はエッジが効いていて面白かったです。

建築好きにとってたまらない場所

Q. 出展して新たな縁につながったと感じたことはありますか？

亀谷 僕はInstagramのフォロワーが少し増えました（笑）。

半田 他校に遊びに行く機会も増えて、さまざまな大学に友人ができました。青森に旅行したのですが、そこで〜Rookie選〜で知り合った人に声を掛けられるという稀有な経験もしました（笑）。

髙橋 私も他のコンペに行った先で声を掛けられたことがあります（笑）。

亀谷 僕も「配信で〜Rookie選〜を見ていた」という方に声を掛けられました。

半田 これがなければいろいろな大学に赴くことはできなかっただろうと思います。

髙橋 私もこれまで学外に一人も知り合いがいなかったのです

が、半田さんと同じように友達ができて、他の学校の人とも会うようになりました。

亀谷 学外の人からコンペに誘われることもあって、他の大学で作業するのは新鮮で楽しかったです。賞には選ばれませんでしたが（笑）。

Q. 今回の経験をどう生かしていきたいですか？

半田 コンペという場所は改めて重要だと思いました。いいものをつくればそれでいいと思いますが、他の出展者や審査員の方など、全く違う人が共有可能な場所を見つけていく、作品を通してコミュニケーションできる、そういう場所に真摯に向き合うのは重要だと思います。それは独りよがりではなくて、「誰かのための建築をつくる」という意味でいい場所で、結果には固執しつつ、そういう場所で何を話すかを考えていきたいと思います。

Q. やはり結果には固執したいですか？

亀谷 そうでないとダメだと思います。先生はよく「結果は悪くても作品は良かった」と言ってくださいますが、そんな気持ちではコンペでは勝てないと思っています。

半田 「一番良かった作品」と言っても、一番議論が白熱したとか、他の人に問いを投げかけることができたとか、「良い」にもいろいろあります。受賞すると「良かった作品」の証明にはなるので、結果が全てではありませんが、僕は絶対に結果に固執するようにしています。

高橋 私はそこまで結果に固執する方ではなかったのですが、〜Rookie選〜で感じたのは、そもそも上位に入らないと話を聞いてもらえないということです。その状況の中で、「プレゼン

できる順位までには入れるように頑張ろう」という目標ができました。ただ同時に、結果は水物だということがこの夏よくわかりました。

渡邉 僕は賞をいただいて、今まで以上に建築に対する意欲が湧きました。これからは天狗にならずに、でも賞は狙いつつ頑張りたいです。

吉澤 僕はこれまで「学内で誰がすごい」という機会はあったのですが、学外に出ていろいろな作品を見て、学校や教えている先生によってさまざまな特色があると知りました。理科大にはなかったアイデアや手法の取り入れ方があり、〜Rookie選〜でいろいろな作品を見て面白いと思いました。そういったものを深く知れたので、今後も頑張っていきたいです。

亀谷 気づかないうちに学校ごとにカラーが形成されているように感じました。その中で刺激になるような100選があって圧巻でした。特に圧倒されたのは、レトリックから建築を構成していた作品と、はんだごてで溶かしながら岩のようなテクスチャーをつくっている水族館の作品です。そういった学内で見た模型とは違うベクトルに秀でている作品が多かったです。そういう人たちとプレボや模型の前でコミュニケーションできるのが、建築好きにとってはたまらない場所でした。自分のつくった作品を介してつながるという経験ができて、本当に良い機会でした。

高橋 〜Rookie選〜は家具の作品など、変わった課題でも受け入れてくれますよね。私の大学は設計課題が少ないので、さまざまなジャンルの作品を議論してもらえることが嬉しかったです。

亀谷 僕たちみたいに学内で浮いている人も受け入れてくれます。学内で評価されなくても、環境が変われば結果も変わると思うので、迷っている人はぜひ応募した方がいいと思います。

100選特別賞 授賞式

今年の〜Rookie選〜でも100選の作品に対して、本選に臨んだ努力を称えて特別賞が授与された。会期が終わった後、
出展者たちに最寄りの総合資格学院校舎へ足を運んでもらい、授賞式を実施。副賞としてスケッチブックや
直角カット定規など、建築を学ぶ学生に役立つアイテムが贈呈され、各校で100選出展者たちの晴れやかな笑顔が見られた。

The ARCHITECTURAL SCHOOL FESTIVAL
for NEXUS 2023※

トークセッション
伊東豊雄×建築学生
「これからの建築をめざして」
……

世界的な建築家・伊東豊雄氏と
建築学生によるトークセッション。
学生が日ごろ感じている疑問や悩み、
そしてこれから求められる建築をテーマに、
ざっくばらんな議論が展開された。

トークセッション

伊東豊雄 ✕ 建築学生
「これからの建築をめざして」

2023年9月2日(土)　13:00

「建築学縁祭」1日目の目玉プログラムとして、建築界のノーベル賞と言われるプリツカー建築賞をはじめ
国内外で数々の受賞歴を持つ伊東豊雄氏と5人の建築学生によるトークセッションが開催された。
経験豊富な伊東氏に対して、コンセプトの固め方やプレゼンの方法など主に日頃の設計に関する質問が多くなされ、
伊東氏はアドバイスを加えながらていねいに答えた。

パネリスト

伊東 豊雄
Toyo Ito

1941年生まれ。1965年東京大学
工学部建築学科卒業。伊東豊雄
建築設計事務所代表。主な作品
にせんだいメディアテーク(2000
年)、みんなの森 ぎふメディアコ
スモス(2007年)、台中国家歌劇院
(2016年)、水戸市民会館(2022
年)など。日本建築学会賞[作品、
大賞]、プリツカー建築賞、ヴェ
ネツィアビエンナーレ金獅子賞、
UIAゴールドメダルなど国内外で
多数の受賞歴を持つ。2011年に
私塾「伊東建築塾」を設立。これか
らのまちや建築を考える場としてさ
まざまな活動を行っている。

モデレーター

種田 元晴
Motoharu Taneda

1982年生まれ。2005年法政大学工学部建築学科卒業。2012年同大学院工学研究科博士後期課程修了。2010年種田建築研究所入所。2012年より東洋大学ライフデザイン学部人間環境デザイン学科助手、法政大学・東洋大学・日本大学等の講師を経て、2019年より文化学園大学造形学部建築・インテリア学科助教、2020年より同大学准教授。

学生パネリスト

左から

小河原 若奈　（工学院大学2年）

佐々木 美月　（文化学園大学4年）

鳥羽 天真　（東京工芸大学3年）

中澤 俊樹　（東京電機大学3年）

前野 元彦　（日本大学2年）

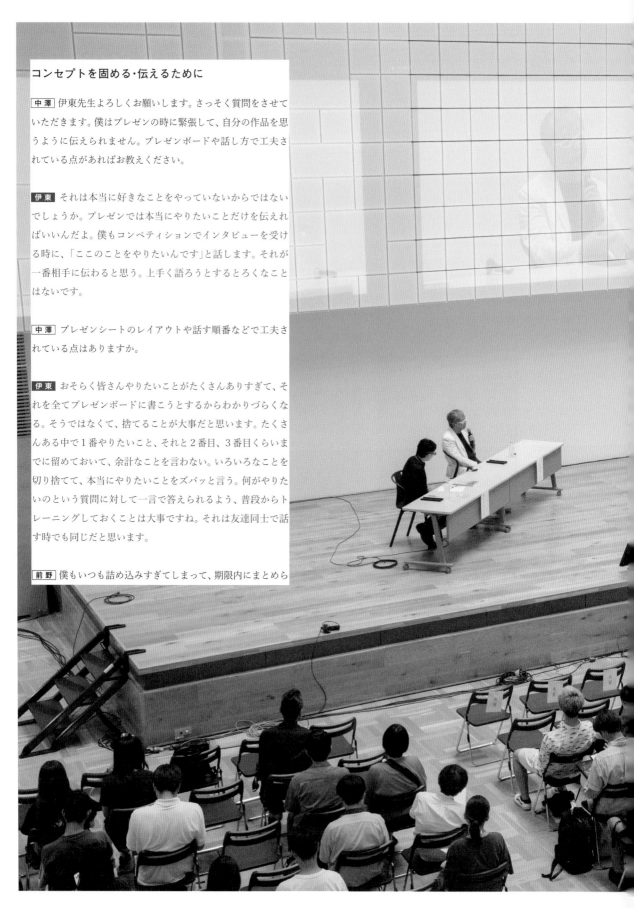

コンセプトを固める・伝えるために

中澤 伊東先生よろしくお願いします。さっそく質問をさせて
いただきます。僕はプレゼンの時に緊張して、自分の作品を思
うように伝えられません。プレゼンボードや話し方で工夫さ
れている点があればお教えください。

伊東 それは本当に好きなことをやっていないからではない
でしょうか。プレゼンでは本当にやりたいことだけを伝えれ
ばいいんだよ。僕もコンペティションでインタビューを受け
る時に、「ここのことをやりたいんです」と話します。それが
一番相手に伝わると思う。上手く語ろうとするとろくなこと
はないです。

中澤 プレゼンシートのレイアウトや話す順番などで工夫さ
れている点はありますか。

伊東 おそらく皆さんやりたいことがたくさんありすぎて、そ
れを全てプレゼンボードに書こうとするからわかりづらくな
る。そうではなくて、捨てることが大事だと思います。たくさ
んある中で1番やりたいこと、それと2番目、3番目くらいま
でに留めておいて、余計なことを言わない。いろいろなことを
切り捨てて、本当にやりたいことをズバッと言う。何がやりた
いのという質問に対して一言で答えられるよう、普段からト
レーニングしておくことは大事ですね。それは友達同士で話
す時でも同じだと思います。

前野 僕もいつも詰め込みすぎてしまって、期限内にまとめら

れないことが多いです。伊東先生がおっしゃった捨てる作業で、どこまでを捨て、どこまでを残すかで悩んでしまいます。

伊東 それは自分で考えるしかありませんが、僕の事務所でコンペティションに出す時も、締め切りギリギリまでやっています。僕は1週間前でもできるはずだと思っていますが、スタッフの連中は「ああでもない、こうでもない」とずるずる間際まで引きずっていて、「往生際が悪いな」といつも思っていますね（笑）。やっぱり、そこは自分の中で、切り捨てないと進みませんが、そのためには「引いて考える」ことがすごく大事だと思うんですよね。つまり、のめり込んでいくと、ずるずるいろいろなことを考え始めてしまうから、それを一回引いて、やろうとしていることは何なのか考えてみる。そうすると自分がやりたいことがよく見えてきます。

それともう一つは、友達と話してみることですよね。自分はこういうことをやろうとしているけれど、どうだろうって。うちの事務所から独立して今すごく活躍されている建築家の方が、独立し立ての時、夜遅くに自分の案を事務所に持って来て、うちのチーフの連中に「この案どう思う」と聞きまくっていたそうです。その中で「自分はやっぱりこういうことをやりたかったんだ」とはっきりさせて案を固めていった。自分のやりたいことが見えなかったら、少し勇気がいるかもしれないけれど、人に聞いてみるのもいいことだと思います。

種田 ありがとうございます。ちなみに伊東先生は学生の頃から捨てることを意識されていましたか。

伊東 いや、学生の時は皆さんと同じようにわからなかったと思いますね。今だから偉そうなことを言っていますが。

小河原 私も設計のアイデアの提出を求められた時に、「人と人のつながりをつくる設計をしたい」という大まかなコンセプトは早めに固まりますが、そこから具体的な形にしていく過程で悩んでいます。

伊東 コンセプトといった時に、それは絵で出てくるのですか、それとも言葉で出てくるのですか。

小河原 絵で全体がポンと出てくる時もありますし、言葉で出てくる時もあります。

伊東 僕はわりと言葉で考える人間ですが、言葉には何かイメージを喚起するような言葉と、言葉だけに終わってしまう言葉があるんだよね。だからイメージが浮かんでくる言葉を選ぶことが重要。コンペティションでうちのスタッフと話し合っていると、言葉だけで語っていて「君はその言葉の先に何かイメージが湧いてくるの」とよく問いかけます。そういうイメージを喚起する言葉、イメージを引っ張り出してくるような言葉を見つけないといけない。それは難しいことだけれども、その言葉が見つかった時には「自分はこういう建築をつくるんだ」と具体的に見えてきます。そういう言葉や絵を紡ぎだすためには修行が必要で、考え続けないといけない。たくさんのことを毎日24時間考えるくらいのつもりで過ごす。それは一番辛い時間であると同時に一番エキサイティングな時間でもあると思うんですよね。今独立している建築家の人たちが事務所にいた当時は、自分がいかにして僕よりも早くいいイメージを提案できるかということを必死になって考えていました。それで夜、居酒屋に飲みに行ってはそういう建築の話ばかりしていた。そのように仲間と語り合う、議論す

中澤俊樹（東京電機大学3年）

小河原若奈（工学院大学2年）

ることも大事だし、自分で一刻も早く良いアイデアを出そうと必死になって考えることが大事。そうすると、こちらも刺激を受けて「お前なんかには負けないぞ」と一生懸命になる。朝事務所に行くとね、僕の机の上には誰かが夕べ考えたアイデアが置いてあるんだよ。そのくらいみんな元気だったね。皆さんが、元気がないとは言わないけれど、先生の言う通りにやれば良いというようになっていると非常につまらない。僕はトップダウンで決めていくタイプというよりも、コミュニケーションを取りながら何人かの人たちと一緒になってものを考えていくタイプです。何か出てくると、それに対して触発されて「ああそれならこうした方がおもしろいんじゃない」というようなフィードバックをしながら突き進んでいく。自分が考えていなかったような方向へ変わっていくことが一番おもしろいと思っているんですね。自分のストックから出てくる建築のイメージなんて知れているから、似たようなものしか出てこない。だからそれを変えてくれるのは、スタッフたちであって、スタッフが「こういうのもありじゃないですか」と提案した時に、僕は「ああそうか、それならこういうことはあり得るな」と自分が考えていなかったところへどんどん行くことがクリエイティブだと思っています。だから、皆さんはできるだけいい仲間をつくって仲間と話し合うことがすごく大事だと思いますね。

[鳥羽] 私もコンセプトを固めることが人一倍遅く、そのせいで

最後の提出や中間発表の時に遅れが生じたり、妥協が入ったりしてしまいます。伊東先生は建物を設計する際に、どのようにしてコンセプトを決めているのかをお聞きしたいです。

[伊東] 僕にとって、これから人間は自然ともう一度どのように向き合って親しくしながら建築をつくることができるのか。あるいは都市を考えられるのかということが、いつも変わらない大きなテーマなんです。そこから先はその都度、コンペティションで与えられた応募要項の課題と向き合わなくてはいけないのです。ただし、最近は審査が点数制になっているコンペティションがすごく多い。大体5項目から10項目くらい、アイデアはどうだとかコストはどうだとかという項目があって、そのトータルの点数で評価される。僕が90年代くらいにコンペティションで連戦連勝だった時代は、例えば新潟の長岡でホールをつくりましたが、その時に建物の前に広場があって、その広場からそのまま屋根に上っていける提案をしたのです（長岡リリックホール、1996年）。そうすると今のような点数制で言ったら、新潟のように雪の多いところで屋根に上るなんていうのはとんでもないと最初に落とされると思うのですね。しかし、その頃の審査員、特に審査員長の先生は「この案は全体としてエレガントである。さらに、全体的に非常に力強い提案である。だからこれを当選案にするんだ」と有無を言わせず決めてくれたんですよ。もちろん屋根には上れなくなったのですが、いまだに地域の人に大事に使われています。そのように建築の良し悪しは、すべてにわたって点数で決めていくようなものではないと僕は思っています。だから大学の講評会などで「コンセプトが良いね」というようなことは、僕はあまり言わないかな。もちろん大事なことではあるけれども、それよりも「本当にこれをやりたいんだ」という想いが重要。学生さんが「自分はここを本当にやりたいんですよ」と言ってくれたらそれが一番だと思います。だからコンセプトが良い悪いという講評を受けてもそれほど気にしなくていいんじゃないの。

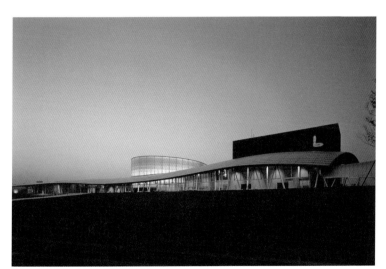

伊東豊雄氏設計の長岡リリックホール

撮影：大橋富夫

[種田] お話を聞いて変わらないテーマ

がある点が、大きいのではないかと思いました。おそらく学生の方はテーマを探している最中だと思いますが、自分が世の中と向き合う時、人生と向き合う時に何が一番問題なのかを持つことが大切だと感じました。

大切にしている五つのテーマ

[前野] 伊東先生はじめ偉大な建築をつくり上げている人のほとんどは、人生の大部分を建築に捧げてきたと思います。その中で私生活がおろそかになりがちなのではないかという勝手な偏見を持っています。そのように建築に偏った人生になった場合に、人間に寄り添った建築を本当の意味でつくれるのかという、傲慢ですがそういう疑問を持っています。その点について考えをいただければと思います。

[伊東] それは君の言うとおりだと思いますね。建築家は誰のために、何のために建築をつくっているのだろうということを、この歳になって考えるようになりました。そうすると「建築家のために建築を考えているんじゃないの」と思わせる建築が世の中にはたくさんあるように感じます。僕も建築のために建築を考えているところがあるかもしれない。ただし、今の若い人たちはかなり変わってきていて、そういう気持ちは昔と比べて少なくなって、人間としての優しさや思いやりなどを大切にしているのではないでしょうか。僕は建築をつくる時に五つのことを考えるようにしています。一つは何といっても災害から身を守ることです。大雨や台風など自然災害が増えていますし、さらに人的な災害もあって、それらから身を守り安心安全である。これは全ての建築家が大切にしなくてはならないことです。2番目は快適な環境をつくるということ。ただ空調機を回し続けるだけではなくて、デザイン的にもいろいろな工夫があります。それから3番目に人と人を結び付けるということ。住宅でも家族の関係を考えないといけないし、公共建築になったらさらに人と人とをどうやって結び付けてコミュニティをつくっていけるかを考えなくてはならない。そして4番目、5番目がすごく難しいのだけれども、まずは何か心が安らぐような建築をつくりたい。一日中でもそこに居たくなるような建築とはどういう建築だろうと考える。コロナ禍で、子どもがマンションに一日中籠っていなくてはならないのは酷いことだと思いました。そういう時に居心地の良い場所を考え得るだろうし、住宅の外でもそういう場所

はあり得るでしょう。そういう心の安らぎを与えるような建築をつくりたい。それで最後の5番目は、少し大げさかもしれないけれども、人に生きる力を与える建築。建築によってすごくエネルギーをもらった、生きていく力をもらった、そういう建築をつくりたい。それには何か強い建築が必要で、その強さによって人に生きる力を与えられる。まあ、それはいろいろ議論があると思いますが、そういう五つのことを考えて建築をつくろうと思っています。だから心の安らぎを得るというようなことにおいては、人間に対する思いやりや優しさなどを持つことがすごく重要だと思います。

[種田] ありがとうございます。伊東先生の共著の『デジタル田園都市とは何か』(伊東豊雄、岡河貢共著、2022年、総合資格)という書籍でも、今のようなことが書かれています。例えば香港の九龍城のところに絡めて生きることのエネルギーが滲み出ている凄まじさについて触れられています。アジア的な空間について、いろいろ語られていましたけれども補足的に何かありますか。

伊東豊雄先生の共著『デジタル田園都市とは何か』。今回のトークイベントでは、そのサイン本3冊が来場者プレゼントとなった

[伊東] やっぱり明治維新や江戸時代まで日本人はすごく自然と親しんで暮らしてきたわけです。ところが、明治維新で西欧文明を取り入れて、何でも西欧の近代的なものは素晴らしいんだと、180度変わってしまった。その西欧の近代文明は、人間は技術によって自然を克服できるんだという思想にもとづいています。そういう思想にもとづいて日本は近代化を図ってきて、それはいまだに続いています。だから東日本大震災の

際も防潮堤をつくれば津波を防げる、山を削ってそこに移住すれば安全というような対応をしてしまう。これまで自然と一緒に暮らしてきた人々に対して横暴な解決方法だと僕は思っています。ですから、技術に頼れば全てが解決するという考えを見直して、アジア的な自然と人間とが一緒になって良い関係をつくりながら、しかも畏れながら愛するという関係をどうやって建築でつくり出していけるだろうか。それが僕にとって大きなテーマなんです。

自然には勝てないことを前提に

佐々木 私も先日、被災された東北の地域を回ってきて、復興に終わりがないということを感じました。被災地に対して本当は何が必要だったかについて、もう少しお話を聞かせていただけたらと思います。

伊東 やっぱり「防潮堤の高さが10m以上であれば大丈夫」と言ってしまうことが僕は一番危険だと思っているのです。今つくっている防潮堤の高さでは、再び東日本大震災級の津波が来たら、越えてしまいます。それに合わせてつくったらあまりに高い防潮堤になってしまうから、明治期の津波に合わせて高さを決めているんです。そのような技術を基準にした決め方では、絶対的な安全はあり得ない。やっぱり人間は逃げることが基本だと思う。その上で防潮堤をつくるのであれば、もう少し普段から楽しめるような防潮堤をつくれば良い。僕はそういう提案を散々やったのですが、防潮堤は防潮堤なんだ、公園は公園なんだというように決めていて、まったく受け入れてもらえませんでした。そうではなく、自然には人間は勝てないということを前提に、万が一の時には逃げる場所を決めて普段からトレーニングしておくことが重要だと思うのです。そういう人間を踏まえたシステムを構築する。それを国はあまり考えていないのではないか。何のために防潮堤をつくっているんだろうということを考えて欲しいですね。

佐々木 ありがとうございます。自分も逃げることは基本だと思います。その結果その土地に住まなくなる人もいるし、その土地に思い入れがあるなど何かしら理由があって住み続ける人もいます。それに対して、日本の建築のルール上は完全に防ぎきれないし、安全ではないのがわかっていても、どんどんまた再構築されていくことに矛盾を感じます。その点について伊東先生はどのように考えていらっしゃいますか。

伊東 震災後、僕は東北に通っていろいろな人とお話をして、やっぱりどんなに津波に襲われてもここに住みたいという人たちとたくさん会いました。その人たちの気持ちはよくわかるし、津波を恐れて東京に行ったら良いかと言ったら、地震に対しては東京の方がよっぽど危険ですよね。だからこそ『デジタル田園都市』という本では、デジタル技術が発達した今の時代は東京から離れても仕事ができるわけだから、もう少し地方のきれいな自然の中で生活した方が楽しい日々を送れるかもしれないということを問うてみました。そういうことを含めて、これから日本の社会はどのようになっていくのだろうと皆で考えて欲しいと思います。

種田 本当に他人事ではなく、東京での災害について真剣に考えないといけない。大学の設計課題において、我々も何かあ

まり無邪気なことを考えて良いのかと思ったりします。

日本流の省エネ方法があるだろう

小河原 私も現代の建築と自然のあり方に少し疑問を感じています。建築に植栽をたくさん生やして、自然を見せ物や置物のようにデザインする中で、それは本当に自然と建築の共存のあり方として正しいのかと感じています。私は松本にある伊東先生の信毎メディアガーデンがすごく好きです。建物に緑があるわけではないのですが、実際に足を運んで見た時に、建物の窓に青空がすごくきれいに反射して、この街にはこんなにきれいな青空があったのだと気づかされて感動しました。その瞬間に建築と自然のあり方とはこういうことなのではないかと、建築を通して自然の新しい見方を知りました。建築が世界を更新していくのではなく、新しいものの見方を建築が与えてくれるという建築と自然のあり方に感銘を受けました。それでお伺いしたいのですが、伊東先生は信毎メディアガーデンを設計された際に、副産物的にその青空がきれいに写ることが生まれたのでしょうか。それとも意図的に設計したのでしょうか。

伊東 青空がきれいに見えるなんてことはまったく考えていませんでした。あなたは下諏訪町で育ったと聞いたので、僕の田舎とほとんど一緒なんですよね。僕の実家は庭から湖に出られるくらい諏訪湖のほとりにあって、子どもの頃は毎日湖を眺めながら暮らしていました。そういう幼少期の環境については、自分のつくる建築とは関係ないと若い頃は思っていたのだけれども、この歳になってくると、やっぱり何か自分の原風景が自分の建築に影響していると思うようになったんですね。だから、今言われている日本の省エネは壁の断熱性能を上げて、それで太陽光パネルを付けたりして、自然エネルギーを使ってできるだけ省エネを図るというような考え方だけれど、僕は日本流の省エネはもっと別の方法があると思っているのです。例えば今、僕はごくごく普通の築数十年の古いマンションに住んでいますが、マンションというと大体は2LDKや3LDKの間取りで、決まった部屋で食べてくつろいで寝ているわけです。ところが、僕が飼っている犬は部屋という概念はないから夏の暑い時は玄関のたたきのような一番涼しいとこへ行って寝転がって、冬の寒い時期は日当たりが良い場所に行って寝転んでいて、つまり自然との関係で場所を選んでいる。昔の冷暖房のない頃、日本では人もそのような自然との関係で、ひなたぼっこしたり、奥の涼しいところで涼んだり、打ち水をしたりと場所をつくって暮らしていた。それが今のように外で省エネを図ろうというのとは全然違うと思うし楽しくないわけね。だから、毎日のことだから、楽しくてかつ省エネにつながるようなそういう建築のつくり方がいくらでもあるような気がしているのです。だから、そのことをもっと考えなくてはいけないと。それこそ僕のテーマの一つですね。

種田 今、伊東先生が原風景のお話をされましたが、『デジタル田園都市』の本の中でも、藤森照信先生が高松での講演で触れられています。そこでは丹下健三について、建築を学ぶ以前から見てきた風景や体験してきたことが、結局建築をつくる時に出てきていると言っています。伊東さんの場合、「諏訪湖にもとづく絶対的水平性」と書かれています。

小河原 今の建物は人と自然を断絶させてしまうだけではなくて、もしかしたら人と人とのつながりも切り離してしまっているのかなと思います。例

伊東豊雄氏設計の信毎メディアガーデン（2018年）

佐々木美月（文化学園大学 4 年）　　　前野元彦（日本大学 2 年）　　　鳥羽天真（東京工芸大学 3 年）

えば1LDKだったら一家族、ワンルームであれば一人という
ふうに決まっていて、一歩部屋から出たら隣人も赤の他人で
言葉も交わしたことがない、そういう関係をつくり出してし
まっているような気がします。伊東先生がおっしゃった昔の
日本のように建築と自然をつなぎ戻すことができたなら、人
と人とのつながりも再び生まれてくるのではないかと考えま
した。

おもしろい建築をつくれば、
建築をおもしろがる人が増える

佐々木 私たちを含めた若い世代が、これからつくっていく建
築や建築業界について、伊東先生が予想されている形、ある
いはこうなって欲しいという願望がありましたら、ご意見を
お伺いしたいです。

伊東 今の東京、例えば渋谷で再開発が行われていますよね。
なぜあのように高層ビルを建てて都市を変えようとしている
か考えてみたことはありますか。

佐々木 便利さや過ごしやすさを求めている。もしくは海外の
現代的な要素を取り入れた建築に対抗しようとしているのか
なと思います。

伊東 僕の事務所は、今は恵比寿に移ったのだけれど、去年
の秋までは何十年と渋谷駅に近いところにあって、スタッフ
の人たちは皆渋谷駅を通って出勤していました。けれど渋谷
が変わっても誰も便利になったと言わないんだよね。だから
便利になるために再開発をしているわけではないと思います。
それから僕は海外の都市が素晴らしいと思ってはいなくて、

アメリカもヨーロッパもみんな同じような都市になってきて
いて、渋谷も昔は結構おもしろい街でしたが、そのうち他と
同じような街になってしまうのでしょう。それではなぜ再開
発をするかというと経済のためだと思います。渋谷駅は1日
280万人が通過していく巨大なターミナル駅です。東横線や
田園都市線などの沿線にある広大な住宅街の人たちが渋谷駅
を通って山手線や銀座線に乗って他の街へ通っています。そ
れを渋谷でストップさせたいわけだよね。というのは若い人
たちの人口が減っているから。若者の街だと言われていた渋
谷は、若者が減ると経済としては立ち行かなくなってくる。そ
れを解決するため他の駅のオフィスビルに通っていた人たち
を渋谷でストップさせる。そのために高層のオフィスやホテ
ルをたくさんつくる。そのような背景があると思います。ただ
し、高層化をすることによって経済的には潤うかもしれない
けれども、個性を失って楽しい街にはならないのではないか
な。経済のために都市がつくられていく状況は、文明としては
進化しているかもしれないけれど、文化が失われているので
はないでしょうか。浦久俊彦さんが、文明が土から離れていく
ことであるのに対して、文化は土に向かっていくことだと言っ
ていました。岡本太郎もそれに近いことを言っています。文化
を英語でcultureといいますが、それはcultivate、つまり「耕
す」という意味から来ていると。文化は土に向かって長い時間
をかけてその土地と接することによって地域を大事にしなが
ら育てていくものなんだと。ところが日本はそういうものを置
き去りにして、技術だけを頼りにして土から離れていこうと
しているように見えます。ですから、もう一度、文化を大事に
して、高層化とは反対に土に近いところで自然を愛しながら
過ごすという暮らし方に気づかない限り、日本はもう一度元
気になっていかないと思います。

前野 最近は企業について、ブラック企業なのか、ホワイト企業なのかということが話題になりますが、その括りの中で建築はブラックな方と言われます。でも、企業のホワイト化に伴って仕事の時間が減ってしまい、それにより若い人たちの技術も衰退してしまうのではないかという疑問があります。そのような中で、どのように若い人の技術を向上させるかについて考えをお聞きしたいです。

伊東 確かに建設業は、需要がたくさんある一方、職人が足りず、休みもないなど過剰に働かないと続かない状況になっています。それは職人がリスペクトされていないからだと思うんですよね。現場に行って職人さんと話していると、「どんな難しいことでも俺がつくってやるよ」という職人魂を持った人がまだ結構いるんですね。そういう人たちに救われて、僕らの建築ができているということを、今の設計を目指す若い人たちに感じて欲しい。一方、私たちのようなアトリエ系と呼ばれる事務所で働きたいという人も少なくなってきています。しかも昔と違って女性の方が多く志望してきて、男性の多くは組織事務所やゼネコンの設計部など安定したところを求めているようです。それを安藤忠雄さんに話したら、某有名大学の学生さんの面接で、「東京に事務所はあるんですか」という質問を受けたので、「そんなもんあらへんよ」と答えたら、「じゃ

あいいです」と帰っちゃったという。そういう笑い話をしていたのだけれど、それくらい楽をしたい人が増えているという印象を受けます。設計はおもしろいんだ、建築をつくることはおもしろいんだと思えないのは、つまらない建築ばかりができているからなのか。もっとオリジナリティのあるクリエイティブな建築をつくらなくてはならないと思うので、皆さんにはがんばって欲しいとすごく思います。

種田 楽したいより、楽しみたいということですよね。今日会場に来ている皆さんはどちらかというと、楽をする方向に行こうとは決して思っていないわけですよね。

鳥羽 楽できるところは楽したいというのが本音です。でも仕事はしっかりしていきたいとは思っています。

建築に留めるのではなく、社会につなげていく

佐々木 これまでの仕事で失敗したこと、後悔したことをお伺いしたいです。失敗はしたくないと思っているので、気を付けた方が良いことがあれば、教えていただきたいです。

伊東 大失敗という経験はあまりありませんが、どの仕事でももっとこうすれば良かったというのは、山のようにあります。すぐに思い浮かぶのは、郊外の商業建築を設計しましたが、竣工したらクライアントから「大変なものをつくってくれたな」とすごまれたことがあります。それで雑誌に伊東豊雄が設計した建築をこのように改修するという案まで広告で出されてしまいました。こういう酷い経験はありますが、大体は建物が出来上がるとみんな感心してくれます。やっぱり図面や模型だけでは完全に理解できないでしょうし、新しいことをやろうとすればするほど、理解するのが難しくなる。けれど、建物ができてくるとこちらの意図をわかってくれる。そういうケースが多いですね。

種田 確かに見えていない段階だと周りはいろいろ不安になるのでしょうね。会場にいる皆さんからも質問があればお聞きできればと思います。

質問 設計段階で建物を表現するに当たって、図面や模型、今であれば3Dモデリングなどいろいろな手法がありますが、

最終的に建築の問題に終わらずに社会の問題、
今の日本の社会はもっとこうあって欲しいということにつなげて欲しい

やっぱり実際に建った建築を見ないと、建築の本当の良さが分からないと感じます。そのような中で、3Dモデリングなどの手段と実際に建った建築との乖離を少なくするために、どのように進めているかをお聞かせいただければと思います。

伊東 それはスケッチや図面、模型などいろいろな手段で一生懸命考えるわけですが、模型がやっぱり一番考えやすいかな。建築は何個もつくるわけではなくて一回性のものだから、光の入れ具合や、プロポーションは何十年もやっていると大体コントロールできるようにはなってきます。それでももう少し天井が高かった方が良かったということはたくさんあります。日本のゼネコンは追加の費用が掛からなければ、現場でできる限りの要望を聞いてくれる寛容性があります。模型をつくったり、最近ではちょっと難しいことをやる際には、モックアップを一部分つくって確認したりということはよくやりますね。

質問 先ほど竣工後に批判を受けたお話をされていましたが、そういう苦労もある中、それでも設計を続けられるのは心の中に芯があるからだと思います。例えば有名な建築家だとSANAAのお二人は、白を基調にしたり、大きな開口をとったりするという造形が芯に当たると思います。それをどうやったら自分からつくり出せるかをお伺いしたいです。

伊東 建築のことばかり考えてもしょうがないと思っています。日本の社会のことをもっと考えなくてはならないと。そのためには新聞やテレビ、雑誌などいろいろな媒体を通して、建築以外のことにもっと関心を持つ。そのことによって自分の中に「こういうことをやりたいんだ」という思想に近いようなものが芽生えてきて、それがコアになっていけば、建築でも揺るがないものができるようになるのではないでしょうか。もちろん建築を通して芯を見つけても良いけれど、それが最終的に建築の問題に終わらずに社会の問題、今の日本の社会はもっとこうあって欲しいということにつなげて欲しい。そのためにはすごく批判的な、例えば今の時代はどうしてこんなに高層ビルばかりができるんだろうといったことなど、「何かおかしいんじゃないか」ということを考えることが、何かをつくり出していく根底にあると僕は思っています。

種田 そろそろ時間になってまいりましたので、この辺で締めたいと思いますが、最後にもう一言だけ学生の皆さんに向けてエールをいただければと思います。

伊東 もう僕は年寄りだからね（笑）。皆さんが次の社会をつくってくれる人たちなのだから、そのことを大事にして欲しい。建築のコンセプト云々よりも「俺が日本の社会を変えてやる」というくらいの気持ちを持って欲しいですね。

The ARCHITECTURAL SCHOOL FESTIVAL
for NEXUS 2023⑭

首都圏建築学生
活動発表会
……

建築学生たちが
学内での授業の枠を超えて活動する、
7つの建築サークル、学生プロジェクトチーム、
研究室が、日頃の活動の成果を
プレゼンテーションした。

首都圏建築学生 活動発表会

開催概要
2023年9月2日(土) 16:00

建築学生7団体が日頃の成果をプレゼン

首都圏の大学における建築サークル・学生プロジェクトチームなど7団体が参加した、
活動発表会。学年の垣根を超えて、また他校とのネットワーク、
地域住民との交流など、さまざまなつながりから研究・活動を行い、
学校の授業では得られないような貴重な経験を積み重ねる日頃の成果を、各団体がプレゼンテーションする。
各団体が建築について何を考え、どのような取り組みをしているのか。
本会は互いの活動内容を知り、参加団体同士の新たな「縁」を結ぶ絶好の機会ともなった。

モデレーター
種田 元晴
Motoharu Taneda

文化学園大学 准教授

活動を歴史の一部として残す

　各サークル・学生プロジェクトがいずれもユニークな活動をされていて、大変興味深く発表を聞かせてもらいました。比較的新しい団体から長く続いている団体までさまざまですが、今後も活動をどう継続していくかが各団体に共通した課題だと思います。

　また、活動を記録してアーカイブとして残すことが大切です。このような発表の場があることでこの1年の活動を見直す機会にはなっていると思いますが、それ以前にどういう活動の蓄積があったのかをアーカイブできると、歴史の一部として残すことができます。そういう目標を持って続けることで、たとえば20年後に皆さんがベテランの社会人になった時、団体がまだ活動を続けていれば、自分たちの頃はどうだったのかと振り返ることができます。記録に残すことも意識しながら、引き続き頑張ってください。

[参加団体]

芝浦工業大学	空き家改修プロジェクト
芝浦工業大学	COLOR MY TOWN
東京理科大学	利根運河シアターナイト実行委員会
工学院大学	冨永祥子研究室
東京理科大学	理科大野田建築サークルDOC
インカレサークル	リノベする学生団体DaBo
工学院大学	WA-K.pro

芝浦工業大学
空き家改修プロジェクト

発表者…… 和田 卓巳（4年）　　　メンバー … 122名
発足……… 2014年　　　　　　　拠点……… 芝浦工業大学 豊洲キャンパス
代表……… 和田 卓巳

「地域に愛される空き家改修を手掛ける」

和田 空き家改修プロジェクトはこれまで7県10の地域で活動してきました。そして、それぞれの活動拠点に設計室を立ち上げ、活動しています。現在は静岡県の稲取設計室、神奈川県の真鶴設計室、開成設計室、三重県の鳥羽設計室、そして今年立ち上げた神奈川県の三浦設計室の5つがあります。

我々空き家改修プロジェクトとしての第一の目標は地域活性化です。空き家改修はあくまでそのための手段であり、企画から設計、施工までの改修前後の取り組みにも大きな意義を感じています。主な活動プロセスは、企画、設計、施工、運営の4つの活動フローで成り立っています。

まず企画段階では、空き家を改修する前に地域の人々とコミュニケーションを重ねて、その地域に必要なものをともに考えています。それをもとに我々が設計します。そして、自分たちで時間、コスト、人材のマネジメントをしながら施工します。現地の大工さんに施工法などを教えていただくこともあります。施工後の運営は、現地の施主さんを中心に行っていただいています。しかし、改修しただけではまたすぐ空き家になってしまうので、我々も地域でワークショップを行い、改修した空き家が地域に根付き愛される場所になるような活動を心がけています。

稲取設計室では、「MORIE」という地域外の人が稲取というロケーションでのワーケーション利用をするための施設を設計しました。外の人々を地域に引き込むことを目指しています。また、使われなくなった倉庫をまちの皆が使えるシェアキッチンとして改修した「ダイログキッチン」や、同じく空き家となった船場の切符売り場をシェアオフィスに生まれ変わらせた「EAST DOCK」などがあります。現在は、まちの子どもたちの新しい居場所をつくるために、東伊豆にある小さな鉄骨造の倉庫を駄菓子屋に改修する「東伊豆駄菓子屋プロジェクト」が進行中です。

真鶴設計室では、瀬戸酒造の改修を行いました。これは神奈川県開成町にある地酒の酒造の店舗で、畳の一畳にちなんで「一畳酒場」として改修した物

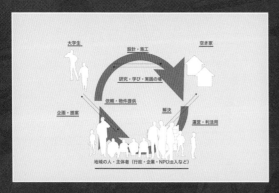

空き家改修の工程

東伊豆駄菓子屋プロジェクト

件です。この活動から、地域の大きな魅力でもある地酒を多くの人々に知ってもらえました。現在は、かつて旅館を愛してくれた人たちの集まる場所を取り戻したいという願いから、「旅館再興プロジェクト」が始まっています。

質問 活動をきっかけにまちが良くなったと実感したエピソードを教えてください。

和田 稲取設計室の例では、シェアキッチンやワーケーション施設をつくってから実際に移住体験者が増えたという反響がありました。また、東伊豆・伊豆の地域は全体的に人口が減ったのですが、東伊豆町のみ減らなかったそうで、数値にも結果が出ています。

質問 新しい拠点をつくる際は、事前に地域の方とコンタクトを取るなどして、新しい活動が生まれてくるのでしょうか?

和田 新しい拠点であれば、いきなり設計を始めるのではなく、まずコミュニケーションからというところで、農家さんと一日過ごしてみてどのようなまちなのか調査する活動は大前提として行っています。それ以外にも毎年イヤーブックというものをつくっていて、次の代に活動を引き継げるように図面はもちろん、言葉なども全部残すようにしています。

種田 設計室という場所があるんですか? それは空き家を活用したものでしょうか?

和田 あくまでプロジェクト全体のことを設計室と呼んでいます。

種田 実際に空き家の運営や利活用がされていて、大学生が関わっていますが、初めはどのように仕事の依頼が来るんですか? 大学の教職員は全く関わっていないのでしょうか?

和田 全部学生だけでやっています。自分たちで設計して、構造や仕上げなど不安なところは教授に質問はしますが、エスキスをしてもらうことはなく、基本的に学生自身で動くことを大事にしています。

瀬戸酒造土蔵改修プロジェクト

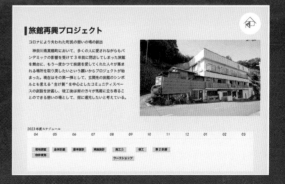

旅館再興プロジェクト

※スライドデータは発表当時のものです。実際の活動内容とは異なります。

芝浦工業大学
COLOR MY TOWN

発表者‥‥‥‥ 小出 彩加(修士1年)、　代表‥‥‥‥‥ 小出 彩加、清水 翔斗
　　　　　　清水 翔斗(修士1年)　　メンバー‥‥ 48名
発足‥‥‥‥‥ 2015年　　　　　　拠点‥‥‥‥‥ 芝浦工業大学 大宮キャンパス

「私たちのまちを地域の方々と一緒に彩る」

小出 私たちCMTは「ヒト・モノ・コトを地域の人と協働でつなぐまちづくり」を理念に活動に取り組んでいます。まちづくりとは、「人々が生活する地域に潜む問題を発見し、そこに住む人だけでなく、働く人や学ぶ人たちが協働しながら未来を描く」ことであり、まちは、ヒト・モノ・コトが複雑に関連しあって形成されているので、そこにいるヒト、そこにあるモノ、そこで起こっているコトを観察し、分析することで問題を発見し共有することが大切です。団体名のCMTは「COLOR MY TOWN」の頭文字を取っており、地域を私たちのまち(MY TOWN)と考え、地域の方々も当事者となって一緒にまちを彩る(COLOR)という想いを込めて名付けました。それでは、CMTの具体的な活動を紹介します。

まずは2019年まで10年以上継続して取り組んできた「イルミネーションプロジェクト」です。さいたま市見沼区春野地区の小学生たちと協働でワークショップを開催し、春野の風景をテーマにさまざまなオブジェクトを作成しました。作成したオブジェクトは、小学校と地域の境界となるフェンスにイルミネーションとして飾り、子どもたちと地域住民の交流のきっかけとなることを目指しました。しかし、新型コロナウイルスの蔓延によりこのような学外の活動が難しくなってしまったため、私たちは団体の理念に立ち返り、CMTとしてどのような活動ができるかを考え直しました。

そこで、今年度から始まったのが「Flower Project」という活動です。芝浦工業大学の大宮キャンパス内を植栽で彩り、キャンパスを訪れる人に憩いの場を提供する、大学・地域の活性化を目的としています。

清水 Flower Projectを進めるに当たって、花を用いたランドスケープや、建築に絡めた演出を学ぶために大学の近くにあるノブヒロ園芸を訪問し、ビニールハウスの活用方法や、水やりや種の品種や時期、土や空気などの花を育てる環境について詳しく教えていただきました。それを踏まえて、このプロジェクトでは「ビニールハウスの有効活用」と「持続可能な活動」という2点を目的に花を一から育てることを決め、ビニールハウスに自動水やり装置を開発したり、自動換気装置を検討し

イルミネーションプロジェクト

ノブヒロ園芸見学会

たりしました。また、キャンパス内を花で彩るため、大学管理課にプランターの配置を提案し、実現させました。さらに、他学部生や教職員も巻き込みながら活動をしたいという想いから、キャンパス近隣の地域住民の方をお招きして、一緒に花壇に花を植える活動も行っています。

　今後の活動としては、キャンパス全体のランドスケープを意識しながら、花壇に新たな品種を加え、他の品種にも挑戦しながら発展・維持していきたいと考えています。また、さいたま市見沼区で開催されている、来場者の交流を通じたコミュニティづくりを目的とするオープンガーデンに参加し、キャンパス内に閉じない活動を広げていくことも考えています。こうして活動をさらに広げていくことで、キャンパスを学生自身で彩り、また地域住民も気軽に利用できる空間になることを目指しています。

質問 メンバーは建築関係の学部生が多いのでしょうか？ 工学系の学生も参加できますか？

小出 環境システム学科が主体となって活動していますが、もちろん工学系などの学生も大歓迎です。

質問 プランターの配置計画など、建築・生活環境学科以外の人が関与するのは難しそうだと思ってしまいました。他学科の人が関われるような工夫や、興味を持ってもらう工夫があれば教えてください。

清水 他の学部・学科では、ビニールハウスのエネルギー供給や水やりの電気系統、換気にも風や電気が関わってくるので、エネルギー系の学生にそのような面で議論を持ちかけて一緒に活動しています。

種田 ビニールハウスやプランターの配置など、外構部分を対象にしているように思いますが、今後、たとえば教室棟の壁面や屋上、あるいはアプローチの空間など建築に絡めていく予定はありますか？

小出 花を対象にして活動を始めたのが今年の4月なので、今後、何年か掛けてそういった活動もしていきたいです。

種田 上手く建物まで取り扱わせてもらえるといいですね。

改良したビニールハウスで一から花を育てる

学生花壇イベント計画

東京理科大学
利根運河シアターナイト実行委員会

発表者⋯⋯ 江原 健太（3年）　　メンバー ⋯ 70名
発足⋯⋯⋯ 2012年　　　　　　拠点⋯⋯⋯ 東京理科大学 野田キャンパス
代表⋯⋯⋯ 江原 健太

「利根運河の魅力を建築的視点から発見・発信する」

江原 利根運河シアターナイト実行委員会は、創域理工学部に通う学生を中心とした有志団体です。学生のみならず、地域の方々、学校の協力を得て、官民学連携のもと、2012年から「利根運河シアターナイト」という水と光の祭典を運河水辺公園にて開催しており、今年で12年目を迎えます。この他にも、1年を通して利根運河について学習しています。

利根運河は歴史的に貴重な運河として、近代産業遺産や選奨土木遺産に登録されていますが、知名度は低く、利根運河の持つ魅力を十分に発揮・周知できていません。そこで私たちは利根運河の魅力を建築的視点から発見し、発信していくことと、地域住民と学生の交流、関わりの機会をつくることを目的に活動しています。

活動内容の一つ目は、インスタレーション作品の制作です。今年度は、運河に咲いた桜の一部を切り取って鑑賞できる「trim」という作品を制作しました。桜を魅力的に見せ、人をのぞき見る、逆にのぞき込まれるようなさまざまな使い方ができます。他にも、内外の区別を曖昧にし、居場所を作成した「こだち」も制作しました。これを学内に配置し、木立のように群がり、生えている木に見立てた角材を格子状に組み立てることで、見る、入る、寝転ぶなど、木々に囲まれた豊かな空間を学内に創り出すことができました。また、新入生歓迎会として実施した「森の映画館」や、江戸川台商店街と同じ大学の建築サークルDOCと協力して、商店街に花壇、ベンチ、机を兼ね備えた作品を制作した「江戸川台イーストリトプロジェクト」などに取り組みました。

そして、今年も「利根運河シアターナイト2023」に向けた制作が始まっています。例年一つのコンセプトを決め、運河について理解を深めていきます。今年度のコンセプトは「ほどく」ということで、利根運河に存在するさまざまな境界に目を向け、それらのあり方・使われ方を改めて考えることで、新しい気づきを想起させるような作品群を配置しています。まずは、運河の川の中であぐらをして過ごすような穏やかな空間を目指す「あぐら」。会場にある自然岩の周りに竹の座面を設置し、運河を横断して布を掛けることで、岩の

利根運河シアターナイト2022の様子

江戸川台イーストリトプロジェクト

周りを運河の延長上にあるような空間として演出し、土手と川の境界をほどきました。次に、運河から発想を得たオノマトペをインスタレーション作品として表現し、体感以上の五感としての体感を目指した「オノマトペ」。たとえば、「ぼこぼこ」という作品は、本来は硬い岩をバランスボールのような柔らかいものとして表現することで、オノマトペをさらに体感できるように工夫しています。さらに、既存の運河の使われ方、領域をほどいた複数の半椀上のオブジェクト「くらげ」は、運河の斜面や水面に置くことで新たな運河の使われ方を提案し、魅力的な親水空間を目指しています。他にも、運河の自然と生活感を融合させるために、家庭から出た不要な布を展示に転用した「布の美術館」、運河のコンクリート部分に枯葉を編んだ座布団を設置し、飲食スペースとした「nest」、来場者たちが持って歩くことで光の動線をつくる「ちょうちん」などがあります。

これまではコロナ禍で大々的な活動ができませんでしたが、今年はやっと自分たちの作品という形で利根運河を盛り上げていくことができるので、10月21日に利根運河にお越しいただけると幸いです。

種田 ナイトということは、夜の展示がメインになるのですか？

江原 以前はそうでしたが、今年は昼間も開場しているので、昼と夜どちらも作品として存在できるように計画しています。

種田 つまり、以前は光を見せる展示だったのが、今年は形をきちんと見せていくことも同時に行うのですね。これは河川事務所に直接交渉しに行くのですか？

江原 河川事務所の方と市役所の方にも交渉します。早い段階で企画書を持っていって、許可が下りるまで何度も打ち合わせをしています。

質問 作品はお祭りが終わった後も展示されているのでしょうか？

江原 例年はお祭りの時だけ置いていましたが、それだと環境的に良くないので、お祭りが終わった後も使えるような作品づくりを心掛けるようにしています。

オノマトペ班の作品「ぼこぼこ」

来場者に配布する「ちょうちん」

工学院大学
冨永祥子研究室

発表者…… 馬場 琉斗（修士1年）　　メンバー … 41名
発足……… 2011年　　　　　　　　　拠点……… 工学院大学 新宿キャンパス
代表……… 朝田 岳久（修士2年）

「住宅を研究し、体験する」

馬場 冨永研究室の学部生の活動は主に「住宅研究ゼミ」、「名作住宅訪問」、「とみ展」の3つがあります。まず、住宅研究ゼミでは、戦後の都市住宅を対象に建築家の思想や設計手法を学び、名作住宅を体験します。活動としては、1：100のスケールの図面で建築家の思考を読み解き、1：20の模型を作成して空間の疑似体験をし、1：1の原寸のスケールでディテールや建築の感覚を身に付けます。3年生でこの研究に取り組むことで、建築の最小単位である住宅を理解し、卒業設計や修士設計をする際に応用できる基礎を身に付けられます。模型制作の流れとしては、まず資料集めを行い、図面の研究、建築家の思想を読み解き、建築を理解していきます。続いて、1：20スケール

の素材を検討し、よりリアルに近づけて、施工やプロセス通りに1：20スケールの住宅を模型で再現していきます。最後に家具や植栽といった細部まで研究して完成となり、ここまで3カ月ほどで完成します。完成後は研究室内で発表会を実施し、先輩たちと議論を繰り広げていきます。実際に制作した竹原義二さんの設計「101番目の家」の模型を例に取ると、これは2002年5月に竣工したもので、お互い力をぶつけ合って絡み合う1：1の関係が多く存在している単純化した要素や、木とコンクリートの混構造などが魅力的な空間をつくり出していると分析できました。

次に名作住宅訪問では、毎年1～2軒の名作住宅を訪問しています。今年

度は、篠原一男設計「上原通りの住宅」、吉村順三設計「旧・園田高弘邸」などを訪問しました。

最後に、冨永研究室の活動を伝える「とみ展」です。住宅ゼミ展と研究活動報告会の2本立てで開催し、レイアウトや展示方法、ポスターなど全て自分たちで企画・運営しています。住宅ゼミ展では住宅研究ゼミで作成した模型・図面・ポスターを展示します。ポスターとこれまで作成した模型を比較しながら展示することで、住宅に対する理解度をさらに深められます。今年度は模型を制作した「101番目の家」と「中心のある家」を比較した展示を行い、当日はメンバーが来場者一人ひとりに模型の説明をしながら見せました。さらに来場者のコメントを募る

住宅研究ゼミ

「101番目の家」模型

コーナーなども設置し、毎年より盛り上がるように心掛けています。外部への発信としてSNSも積極的に活用しており、コロナ禍が収まって学外の人も多く呼べるようになったので、今後より力を入れていきたいと思っています。

種田 模型の制作で頑張ったポイントや、こだわってつくったところを教えてください。

馬場 「101番目の家」の1／100模型では、木の素材を計算して色ごとに変えているところと、反射板の組み方を実際のものと比べて再現することを心掛けました。また、「House T」の模型では照明も付けていて、写真を撮ると本当に原寸に見えるほど精密につくっています。

質問 僕は模型をつくる時に、人に伝えるということしか考えていなかったので、これほどすごい模型を見たことがなくて圧倒されました。今は模型を3Dプリンターでも簡単につくれてしまうと思うのですが、この模型の「3Dプリンターとはここが違う」というところを教えてください。

馬場 設計課題では、ここまで細かい部分まで考えてつくる時間はあまりないと思うのですが、こういうものをつくると建築家がどこにこだわって設計しているのかが、図面と見比べてよくわかります。

質問 住宅ゼミ展で会場のレイアウトを行う際に、心掛けていることはありますか？

馬場 ポスターや模型の置き方に関しては、来場者の動線を意識して、どのような順序なら見やすくなるのかを考えています。これまでは来場対象者が研究室に入る前の学部3年生だったのですが、今年度は一般公開もするのでまた変わってくると思います。

種田 今年度の模型は何をつくる予定ですか？

馬場 「旧・園田高弘邸」と「アパートメントハウス」です。

種田 それはどのように決めたのですか？

馬場 研究室のメンバーと冨永先生でつくりたい住宅の候補を出して、会議をしています。そこで本当につくりたいものと、先生が決めたものを大きさなども検討して決めています。

名作住宅訪問

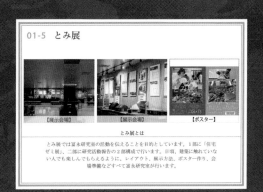

とみ展

東京理科大学
理科大野田建築サークルDOC

発表者…… 増田 龍(3年)　　メンバー … 83名
発足……… 2019年　　　　　拠点……… 東京理科大学 野田キャンパス
代表……… 増田 龍

「未来の建築について考える」

増田 活動内容について話す前にDOCの名前の由来についてまず話したいと思います。DOCの名前は、建築史家の藤森照信氏が、現代に近づくにつれ建築の多様さが失われてしまったことを、「キャンディーが閉じられてしまった」と例えたことに由来します。ここから、「明日の建築をつくっていく私たちが語らい、ともに活動する団体として今、夜が明けた」という考えから、英語で「キャンディーの夜明け」を意味する "Dawn of candy" とし、頭文字をとってDOCという団体名になりました。

　DOCは「建築について知る・考える」、「実際を体験する」、「建築の視野を広げる」の3つをテーマに、未来の建築について考えています。まずは、建築について知る・考えるために実施している建築見学会を紹介します。2～3年生がテーマを決めて散歩の計画を組み、1年生に建物や都市の説明をしながら、建築やまちを見て回る企画です。4月に行った上野公園編では、上野駅からスタートし、銀座、築地に向かい、本の森ちゅうおうをゴールとしました。国立西洋美術館、上野東照宮の静心所、海外の建築家ヘルツォーク＆ド・ムーロンのデザインした「UNIQLO TOKYO」や伊東忠太設計の築地本願寺などの建築を見学し、1年生にとって最初の企画ということもあり、多様な建築のプログラムについて見て、どのような建築家からのメッセージがあるかについて考えました。他にも、高架下の建築や公開空地、空

中権など東京都市の在り方を特徴づけるものについて見て回りました。

　続いて、実際を体験するということで、「江戸川台フラワーワークショップ」に参加しました。これは、東京理科大学の隣駅である江戸川台駅の商店街とDOC、そして同大学のサークルである利根運河シアターナイト実行委員会がコラボしたものです。元々は会場全体の装飾デザインだけを依頼されていましたが、イベントが終了後に自分たちが制作したものがゴミになってしまうのはもったいないと考え、恒久的に利用できるような祭りの装飾を考えました。それが植栽用の棚であり、まずは1／20の模型を制作して商店街の方に見ていただき、それから実際の制作に取り掛かりました。制作した植

建築見学会 上野公園編

植栽棚の制作

栽棚は商店街に寄贈し、酒屋の棚や薬屋の店舗外の椅子として今でも使っていただいています。

また、流山市に新設される小学校の校章のコンペにも参加しました。小学校の敷地や特徴、風土を読み解いたり、実際にあるさまざまな校章を調べたりして、自分たちで話し合ってデザインしました。残念ながら採用はされませんでしたが、これから選ばれたデザインとの差を研究して、次こそは選ばれるデザインをつくり上げていきたいと思っています。

最後に「建築の視野を広げる」と題しまして、週に一回定例会を実施しています。内容は幅広く、1年生に建築に興味を持ってもらうために3年生が建築に関するクイズをつくったり、1年生が一級建築士資格の取り方を勉強してみんなの前で発表したり、ベネチアビエンナーレに作品を展示している若手の建築家の方について勉強会を実施したりしています。

今後の活動としては、DOCはまだ外部との関わりが薄い団体なので、11月に行われる大学祭において地域の方や外部の方と交流できるようなワークショップの開催を予定しています。また、SNSなどを利用して学外の方と交流していきたいと思います。DOCはまだ設立5年目でOBが少ないので、いろいろな人と関係・交流をつくりながら、どんどん建築に関する知識を広げていきたいと思っています。

質問 建築サークルなのに校章コンペに参加するのがとても面白いと思いました。コンペに参加するに至った経緯や、コンペに参加したことで建築に応用できたことがあれば教えてください。

増田 校章コンペ参加のきっかけは、流山市に住む知人にたまたま声を掛けられたことでした。建築に生かされたこととしては、やはり敷地調査の点です。この流山小学校は目の前に川が流れていて、その川と小学校の関わり・歴史や、区の花について調査をしました。設計課題だと考えてはいけない部分になりがちな、"どのように地域の特徴をわかりやすく表現するか"がデザインコンペでは重視されていて、その読み解き方と表現の仕方が学べました。

校章コンペ 応募作品

週に一度の定例会の様子

インカレサークル

リノベする学生団体DaBo

発表者…… 金山 哲也（芝浦工業大学3年）　　メンバー … 81名
発足……… 2018年　　　　　　　　　　　　拠点……… 関東圏の大学
代表……… 我田 蒼弥（明治大学3年）、金山 哲也

「いつも見ている風景を見つめ直し、新しい印象を生み出す」

金山 DaBoの正式名称はDesign and Build it Ourselvesであり、主な活動は空き家改修です。いつも見ている風景を見つめ直し、新しい印象を生み出すことをモットーとしています。DaBoは関東最大の建築インカレサークル「FLAT」のビルドイン部門から派生したもので、「麦踏」というパン屋の改修依頼をきっかけに独立しました。

活動の際に我々が大事にしている芯が4つあります。1つ目は領域の横断です。建築分野だけでなく、デザインや造園などさまざまな領域と協力しながら多面的に考察し、新しい日常を生み出しています。2つ目は工作的建築です。設計だけでなく自ら施工し、さまざまな面から魅力をつくり出していま

す。3つ目は自らが主体となることです。ハードとソフトを行き来しながら、学校の設計課題以外にも活動の場を広げ、学生独自のデザインを目指しています。4つ目はDaBoというブランドです。学生団体としてそれぞれが誇りを持って高いクオリティーでブランドを確立させることを掲げています。

これまでの活動としては、2018年に独立のきっかけになったパン屋「麦踏」の改修、2019年には「タイニーハウスフェスティバル」という、これからの住宅の規模で考えるイベントにワークショップとして参加し、デザインやクラウドファンディングなどを実施。2020年からは那須塩原での別荘の空き家改修や南房総のスケートボード

パーク場の改修などに取り組みました。

今年度の主な活動を2つ紹介します。まずは神奈川県箱根町で行っている「学びの場dipa」という空き家改修プロジェクトです。こちらは2018年から継続しており、既に1階と2階の床は完成していて、これから2階の空間設計を進めていきます。活動としては、主にフィールドワーク、事例調査、模型によるスタディを経て、オーナーから依頼された8つの機能（坐禅、上映、舞台、ゼミ、個人の勉強家、宿舎、避難所、ギャラリー）と心地いい空間を実現するためにコンセプトを練っています。スタディでは模型を制作し、構造を理解したり、全体像を把握した

古民家を改修したパン屋「麦踏」

進行中の改修プロジェクト「学びの場dipa」

り、8つの機能をどういう形で当てはめていくか検討しています。フィールドワークでは周辺環境を理解し、箱根湯本という温泉街独特の景観を崩さないためのデザインを調査しています。事例調査では、実際に現地に行き寸法などを計測。この活動を通して、仏教についての関心や木造建築への理解、施主さんとのコミュニケーション、箱根への理解やプレゼン力などが得られると考えています。

続いて今年の夏から活動を開始した長野プロジェクトです。現在、現地でのフィールドワークやワークショップを役所や地域団体と協力して、事業計画から施工までを目標として動いています。敷地は岡谷市の諏訪湖周辺で、建物は築120年の古民家です。主な活動の予定として、9月に初訪問してフィールドワークを実施し、10〜11月に地域住民の方々とのワークショップを開き、この建物に求められるものの理解を深めるつもりです。長い間人の手が入っていない120年の古民家は、初めて参加するメンバーには新鮮だったようで、活用法に関してメンバー間で活発に意見が飛び交っていました。また、大工さんから古民家を解体せずに補強する施工方法などを教えていただき、理解を深めました。我々DaBoは大学の教員などからの援助がないので、このフィールドワークの事例調査の後、それぞれの活動についてまず知るということが重要になります。ですので自分たちで本やインターネットから情報収集し、それぞれを学生の間で共有して、この岡谷の空き家改修でどのようなフィールドワークが求められているのかを分析しました。

質問 FLATからDaBoに活動を引き継ぐ時は、どのような流れがあったのでしょうか？ 引き継ぎの際に大変だったことなどはありますか？

金山 DaBoはいろいろな大学から学生が集まっているので、引き継ぎがとても難しく、実際に現地に足を運ぶ際も都合が合わないということもありました。今はじっくり時間を掛けて2階の設計に進んでいるという段階です。

「dipa」の改修計画

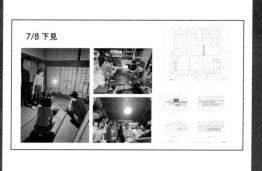

長野プロジェクト

工学院大学
WA-K.pro

発表者…… 藤川 紫帆(2年)、小山 晴輝(2年)　　メンバー … 350名

発足……… 2008年　　拠点……… 工学院大学 八王子キャンパス・新宿キャンパス

代表……… 藤川 紫帆、高田 太良(2年)

「建築を通じて SDGs・地域に貢献する」

藤川 WA-K.proは、建築を通して SDGsに貢献するために、廃材や需要が減ってきている国産木材を使用した制作、地域イベントの参加などの活動をしています。とはいえ、1年生と2年生のみの組織なので、地域の方や企業とのコラボや、大衆に向けて作品を提供して楽しんでもらうことを目的としています。活動計画は、前期は主に活動の準備期間に充てて、後期に実際に活動するという流れになっています。それでは、まず前期の活動を紹介します。最初に「建築巡り」を実施しました。入学したばかりの1年生が建築をつくるためのヒントを得て欲しいと思い、2年生が良い建築とはどのようなものなのかを下調べして、実際に見

に行って学びました。その中の一つである根津美術館では、街並みと庭がなじむようなデザインや、窮屈感のない天井を事前に調べ、見学して確かめました。

次に椅子の製作です。コンペティション形式で13の班に分かれて、「座りたくなる椅子」をテーマにそれぞれオリジナリティのある椅子をつくりました。与えられたテーマを鵜呑みにするのではなく、自分たちで解釈して、それを設計によって表現するというものづくりに必要な考え方を養うことができました。シンプルに見える椅子でも、「座りたくなる」を「座れるかどうか確かめたくなる」と解釈して、斜めの棒とチェーンのみで支えられてい

て、不安定に見えますがきちんと座れます。この作品は冨永祥子先生の審査員賞をいただきました。

続いて、夏休みと後期の活動です。まず、多摩産の木材を使って校内の古い倉庫を建て替えるという「KKプロジェクト」に取り組みました。これは国産の木材需要が減ってきているという問題にも向き合った活動です。また、新しい試みとして雑貨販売を考えています。不要な木材を使用して、活動で培った3Dプリンターの技術を用いて雑貨をつくり、八王子祭という学園祭で販売する予定です。また、同じく学園祭で出展する予定なのが燻製とインスタレーションです。実は燻製は建築と関係があり、燻製に必要なウッド

建築巡り

「良い」と言われている
建築はどのようなものか
知る。

良い建築を作るための
ヒントを得る

建築巡り

椅子製作

与えられたテーマを基に
自ら課題を再設定し、
設計によって
その解決を図る

ものづくりに必要な
考え方を養う

椅子製作コンペ

チップは不要な木材を買い取り、加工して使うという仕組みになっています。燻すのは枝豆、ミックスナッツ、アタリメ、ポップコーンなどでお酒に合うメニューです。インスタレーションでは、学園祭のテーマである「魔法の世界」に鏡を掛け合わせて、不思議な世界観を表現するつもりです。今までの活動は椅子、食、倉庫など機能を重視したデザインが多かったのですが、ここでは機能のないデザインに挑戦していきたいです。また、同時に地域のイベント「大栗川キャンドルリバー」への準備が始まっています。ここではキャンドルの配置デザインやチラシ作成、当日のボランティアなどを担当する予定です。最後は附属高校のウッド

デッキ改修です。古くなったウッドデッキを改修するプロジェクトで、今までベンチしかなく質素だったところを高校生が集まる場所に変化させていきたいと思っています。高校生と共同で活動するので、高校生ならではの新しい視点を共有できて楽しいのではないかと期待しています。

小山 次に、去年までの活動を紹介します。まずは八王子キャンパスの地下1階の展示スペースを手掛けました。ここではさまざまな学生団体のプロジェクトを紹介しており、私たちは『鳥人間プロジェクトB.P.Wendy』と『ロボットプロジェクト（KRP）』の展示をデザインしました。小さい穴から覗くと、ソーラーカーやロボットが見える

ようなデザインになっています。次に電通テック（現・電通プロモーションプラス）さん、豊栄産業さんと共同制作した「ダンバル」というプロジェクトです。"WITHコロナの暮らしをデザインする"というコンセプトのもと、鈴木敏彦先生に監修いただき、ポータブルワークスペースのデザインに取り組みました。最後に、新宿キャンパス創立135周年記念展示として、新宿キャンパス地下1階の展示のデザインを描きました。中央のオブジェクトより左側が工学院大学の歴史、右側が未来の学生へのメッセージをデザインしています。こちらは空間デザインを得意とされる博展さんとの共同制作となっています。

KKプロジェクト

多摩産の木材を使用し
**校内の古い倉庫を
建て替えるプロジェクト。**

KKPJの模擬店
不要になった木材と
3Dプリンターを用いた雑貨

地域貢献

KKプロジェクト

ダンバル

共同
株式会社電通テック
豊栄産業株式会社

ポータブルワークスペース

ダンバル

学生と社会をつなぐ
架け橋のような
アトリウムへ

建築学縁祭の第2回から会場となっている
工学院大学 新宿アトリウム。
自然光が降り注ぐ吹き抜けの空間に
100の模型台が並ぶ様子は、
建築学縁祭なじみの光景となっている。
新宿という場所に建つキャンパスとして
外に開かれているため、一般の来場者も
気軽に立ち寄ることができる場所でもある。
今回は、新宿アトリウムの
リニューアル設計を担当した
工学院大学建築デザイン学科の西森陸雄教授に、
新宿アトリウムの魅力を伺った。

Q リニューアルする際は、どのような
想いを込めて設計しましたか。

A 大学側から新宿にあるという強みを生
かして社会と連携したキャンパスにした
いという要望がありました。また、リニューアル
以前のアトリウムは、広い空間にも関わらずひ
と気がなくがらんとしていて、なんとなく留まり
づらい雰囲気が漂っていました。そこで、学生と
教員でコンセプトを考え、「社会に開かれていく
こと」と「にぎわいのあるキャンパス」というキー
ワードを決めました。

設計を担当した西森陸雄先生

Q 二つのキーワードをどのように
設計に生かしたのでしょうか。

A まず、人を呼び込むためにはなにか動きのあるものを取り入れた
いと思い、スクリーンの中央部分が映像に合わせて凹凸に可動する
「キネティック・ウォール」を導入しました。当時、ソチオリンピックのエントラ
ンスや韓国のパビリオンで仮設的に使われることはありましたが、常設した
施設は国内初となりました。インターネット上のデータを収集し視覚化するプ
ログラムが仕組まれており、これにアドレスを持った照明を組み合わせるこ
とで天気や災害の情報をリアルタイムで映し出し、それによって凹凸の動き
が変化します。この最新の機器を学生が使いこなしてプレゼンを発展させる
ことで、社会と連携していってほしいという想いも込めました。

国内初の常設のキネティック・ウォー
ル。映像に合わせて凹凸の動きが
変化する

Q 設計において
特にこだわった点はありますか。

A 音響とステージにはかなりこだわりました。以前のアトリウムの壁はコンクリート打放やスチールパネルで、レクチャーなどで使用する際に音が反響してしまいました。そこで、壁を吸音材や木ルーバーに変え、ルーバーの裏に空調の吹出しを隠しています。空間全体は立体音響システムを導入したり、指向性の高いスピーカーを設置しており、空間全体に同じ音圧で音が届くようにしています。また固定されていたステージを収納式にし、使わない時はテーブルや椅子のためのスペースを確保して学生がゆったりと過ごせるようにしています。

Q 「建築学縁祭」にどのような
印象を持っていますか。

A 学生が主体となっている点が素晴らしいと思います。課題の縛りがないことで、その時代の教育機関が学生に課している課題の流れや、学生の思考するデザインの方向性が一堂に見えていますよね。そうした設計展を学会ではなく学生が主体で行うというのは、あまり例を見ませんし、面白いと思います。

ルーバーの下に音響設備が
仕込まれている

建築学縁祭の運営はすべて「学生実行委員」が行う

The ARCHITECTURAL SCHOOL FESTIVAL
for NEXUS 2023®

開催への軌跡
建築学縁祭学生実行委員会

······

過去の実行委員たちの意志を継ぐ
2023年度の建築学縁祭学生実行委員会の
活動を紹介。活動の軌跡を振り返る座談会、
特別企画の建築写真展・モザイクアートも
収録した。

建築学縁祭学生実行委員会

建築学縁祭学生実行委員会とは

建築学縁祭学生実行委員会は、2021年、建築学生の横のつながりが途切れてしまったコロナ禍に、新たな建築設計イベントを立ち上げるべく、首都圏の各大学・専門学校で建築を学ぶ学生たちを中心に組織されました。

そして、4月3日(月)のキックオフミーティングを皮切りに3回目となる2023年度の活動がスタート。第2回では、総務会計班として参加した奥島千晶さんが実行委員長に、また同じく本谷慶さんが前回に引き続き副実行委員長に立候補し、その他の班長も続々と決まっていきました。

その後はそれぞれのリーダーを中心に、各班は準備を進行。貴重な夏休みの期間もミーティングや準備のために集まり、それぞれが建築学縁祭を盛り上げるために試行錯誤を重ねました。総勢約80名となった学生実行委員会は、『建築学縁祭』の準備を通じて横と縦のつながりを強化し、さらに縁を広げていきました。

開催までの道のり

●4月3日(月)
キックオフミーティング

●5月17日(水)
第一回 全体会議

●作品エントリー受付開始

●ホームページ・SNSを公開

●合同企業説明会にて協賛依頼

総務会計班

イベント全体の資金管理が総務会計班の仕事。企業からの協賛金の入金・管理を始め、多額のお金を扱うことが役割となるため、細部まで徹底した管理が必要になります。その他、各会議での参加者の交通費など経費の処理、運営事務局との綿密な諸経費の確認、銀行口座の管理・運用まで、実行委員会の活動を縁の下で支える極めて重要な班です。

広報班

ホームページやSNSなどで『建築学縁祭』を広く世の中に発信するのが広報班の仕事。ホームページのデザインや構築はもちろん、X（旧Twitter）やInstagramといったSNSも駆使して、イベントの事前告知から会期中のリアルタイムな情報発信まで行います。情報発信の速報性と正確性が求められます。

クリティーク班

『建築学縁祭』では、一次審査と本選を異なる審査員が務めます。その選定から依頼連絡、事前打ち合わせ、当日の対応までを担当するのがクリティーク班。意匠・構造・環境設備・実務などさまざまなジャンルから多数の審査員候補をリストアップし、議論が面白くなるセレクトを考えていきます。また、審査方法も審査員と協議して決定していきます。

渉外班

渉外班は協賛企業を募集するのが主な役割。企業や各種団体への訪問、新卒採用向けの企業研究セミナーへの参加などで企業・団体にアプローチし、名刺交換と『建築学縁祭』のプレゼンを行い、協賛をお願いします。名刺交換や企業へのプレゼンは、事前にミーティングやロールプレイを行い本番に臨みます。

デザイン・書籍班

ロゴマークを始め、フライヤーやポスター、名刺、実行委員おそろいのTシャツなど、デザイン全般を担います。一次審査で選出された100選を掲載するパンフレットは制作期間が短く、スピード感が求められます。また、会期終了後には、建築学縁祭オフィシャルブック（本書）の制作にも携わり、テープ起こしや誌面チェックなどを担当します。

会場運営班

作品展示やトークセッション、学生発表会、講評審査会の会場レイアウトを考え、会期中はイベントの進行を円滑にすべく現場で活動するのが会場運営班。事前に模型台の配置や非常動線の確保を考え、当日は司会をはじめ、受付・誘導・プレゼン時のカメラワークなどを担い大活躍します。数十名のメンバーで構成される最も大規模な班でもあります。

7月   **8月**   **9月**

- 会場下見・現地調査
- トークセッション事前ミーティング

- 8月7日（月）一次審査
- Tシャツ、パンフレット制作

- 9月2日（土）〜4日（月）
  建築学縁祭 開催

奥島 千晶
（実行委員長）

 本谷 慶
（副実行委員長）

 田中 里海
（クリティーク班リーダー）

 幾田 雄也
（会場運営班リーダー）

 松尾 龍
（会場運営班リーダー）

 土橋 洸太
（デザイン・書籍班リーダー）

続けたからこそできた
確かな縁をつないでいく

2021年より続いてきた『建築学縁祭』も今回で3回目を迎えた。今回の学縁祭の実行委員幹部は、
メンバーの半分以上が前回から引き続き実行委員を務めるという心強い布陣。
初参加でリーダーを務めたメンバーと、前回からの経験と反省を抱えつつ臨んだメンバーに、
会期当日までの苦労や反省、次期メンバーへの期待などを語ってもらった。

それぞれの学縁祭にかける想い

Q. 今回初参加の方は、きっかけは何でしたか？

松尾 僕は2022年の建築学縁祭を一般来場者として見ていました。実行委員として参加しようと思ったのは、学縁祭のInstagramで「実行委員募集」の投稿を見たからです。他大学との交流や社会人の方と関われるいい機会だと思い、応募しました。

Q. 前回から続いて参加した方は、
どのような想いで臨みましたか？

幾田 僕は前回から引き続き、会場運営班のリーダーを務めました。会場運営班はメンバーが一番多く、80名ほどいまして、初参加の前回は上手くまとめられなかったという心残りがありました。だから、リベンジとして今回も参加しました。

本谷 僕も前回と同じ副委員長として、引き続き参加しました。前回は実行委員長の関口さんと、副委員長の阿部さんに頼るところが大きかったので、今回は自分で率先して行動したいと思ってチャレンジしました。

奥島 私は前回は総務会計班として参加したのですが、今回もやるとは思いませんでした。ただ、前回実行委員長を務めた関口さんに「委員長をやってみない？」と声を掛けていただき、他の設計展で委員長を務めたことがあるのでその経験を生かして、この学縁祭を学外の活動の集大成にしたいと思い参加を決めました。

土橋 僕は前回は渉外班のリーダーとして参加していて、今回は違うことをやりたかったのでデザイン・書籍班として参加しました。

田中 私は1年生の時に1回目の学縁祭に会場運営班として参加し、2回目はそれを生かして会場運営班のリーダーを務めました。会場運営班の仕事は会期中がメインで、人数も多いのに対し、クリティーク班は準備期間が長く、人数が少ないので、

全く違う仕事も経験してみたいと思い参加しました。

リーダーならではの悩みと苦労

**Q. 各班の活動と、リーダーとして
苦労した点・工夫した点などを教えてください。**

松尾 会場運営班は、会場を下見して、搬入動線や備品の数・保管場所などの確認に責任を持って取り組みました。大変だったのは、会期中のメンバーの集まりが悪かったことです。80名のメンバーがいる中で30名しか集まらず、会期が始まってからもメンバーそれぞれが声を掛けてなんとか40名までは集まりましたが、その声掛けが一番苦労しました。

幾田 前回もそうでしたが、会場運営班は人数が多いので誰が何の作業をしているか把握するのに苦労しました。今回は指示を出す立場になったので、指示の出し方、チームの動かし方などを模索していました。

本谷 副委員長は、全ての班の活動内容や進捗状況を確認・把握し、遅れている班には催促するのも仕事であり、大変でした。また、初参加の人がリーダーを務める班のサポートなども行っていて、そこではその班のメンバーや仕事内容を一から把握しなければならないので、難しかったです。

奥島 私も前回は役職がなく気楽だったのですが、委員長という立場になり、まず全体の流れややるべきことを把握する段階からスタートしました。いざ指示を出す段階になった時に、それまで班のリーダーに任せきりにしていた作業も多く、わからないことが多くてあたふたしました。

土橋 デザイン・書籍班はわりとスムーズに進行していたのですが、パンフレットを制作する時に、Illustratorを使えるメンバーが7名中3名しかおらず、ちょっと大変でした（笑）。ソフトが使えないとそもそも仕事を振れないので、最初からソフトの使えるメンバーを把握したり、使えない人には教える時間も確保したりすれば良かったと反省しました。

田中 クリティーク班では、審査員の皆さんに日程や情報を素早く正確に伝えないといけないので、実行委員内で使用しているSlackというチャットツールだけでなく、LINEでも連携を取って、班のメンバーからの質問にすぐに答えられるような工夫をしていました。

幾田 会場運営班は人数が多いのでSlack中心でしたね。

土橋 デザイン・書籍班は逆にSlackは使いませんでした。自分もそうなんですが、メッセージに気付かないことが多いのと、顔が見えないので距離が遠い気がして、LINEを使って連絡していました。

奥島 私はまずSlackで全体にアナウンスした後、各班のリーダーにLINEでリマインドを送っていました。Slackに慣れていない人も多かったので。

田中 私も使い分けていました。LINEだと他の班の様子はわからないけれど、Slackだと見えるので、それで他の班の動きを把握していました。「他の班はここまで動いたから、クリティーク班もここまで動こう」みたいな。

Q. 今回のロゴデザインはどのように決定しましたか?

土橋 全体のロゴは前回から引き継ぎつつ、2023年と3回目を掛け合わせたのと、学縁祭ということで「縁」をつなぐ意味で糸で全体をつなげました。Tシャツのデザインも本当はもう一つ案があって、そちらの方が自分たちは気に入っていたのですが、印刷範囲の都合でつくれなかったのが少し残念でした。今回はなるべくシンプルなデザインを心掛けたのと、3回目ということで、ロゴマークを3色に色分けして重ねてみました。これには、今後どんどん開催数が重なっていったらいいなという想いを込めています。

田中 前回よりも色が明るくて、おしゃれよりも元気なイメージを感じました。

松尾 僕は参加するのが初めてだったので、同じユニホームを着ることで一体感を感じました。

Q. 他の学校の人と「つながる」ことで良かったことはありますか?

土橋 デザイン・書籍班では、法政大学の学生は自分ひとりだったので、他校のスケジュールがわからず、しっかり確認してコミュニケーションを取るようにしていました。自分の大学なら

他学年の動きもなんとなくわかりますが、それができなかったので、しっかりやらないといけないという気づきもありました。

幾田 建築学科特有かもしれませんが、他の大学の人と話していると同じ「建築学科」というくくりでも各校で受けている教育が全く違うと気づきました。価値観がそれぞれ違うので、建築に対する解釈などを意見交換したりするのは新鮮でしたね。

Q. 活動を通して嬉しかった出来事はありますか?

田中 実行委員をやらなければ体験できないことがたくさんできたことです。著名な建築家の先生とメールをやり取りしたり、数百の作品のデータを管理したりできたのは楽しかったですね。

本谷 一人で搬入していた出展者の方を手伝ったのですが、あとからお礼を言われて嬉しかったです。

奥島 同じ大学の後輩から、「自分も出展してみたい」「来年もやりますか?」といった声をもらえて、少しずついろいろな人の耳に入るようになって、出展しやすい環境ができたのが感じられました。あとは、準備期間を含めて大きなトラブルがなく終えられたのがホッとしました。

Q. メンバーの結束が深まったと感じた瞬間はありますか?

土橋 パンフレットの制作で、Illustratorが使えるメンバー3名で2週間で一気に仕上げた時です。他のメンバーも構成やデザインを考えてもらったので、そこで一気に絆が深まった感じがしましたね。

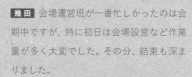

幾田 会場運営班が一番忙しかったのは会期中ですが、特に初日は会場設営など作業量が多く大変でした。その分、結束も深まりました。

松尾 前回は~Rookie選~の審査が予定時間をオーバーしてしまったと聞いていましたが、今回は無事、時間通りに終わらせることができて、その終わった瞬間が一番、一体感を感じました。

奥島 私は会期の直前で不安になってしまって、夜、幹部のメンバーに話し合いを持ちかけた時です。そこでそれぞれの班が不安に思っていることを打ち明けられたの

で、良かったと思う反面、もう少し早くこの話し合いをできていれば良かったという思いもありました。

幾田 直前なのに、会期中の流れをチェックしていましたね（笑）。

田中 あとは前回は審査が長引いてしまったので、「今年は絶対に時間通りに進められるように、タイムキーパーよろしくね！」とか。

幾田 まあ、でも今回はケンカしなかったのが良かったですね（笑）。

田中 そう！

本谷 経験者が多いのと、学年もほぼ同じだったのでやりやすかったですね。

今回ならではの企画と舞台裏

> **Q.** 写真展・モザイクアート「BIG LOVE」は
> どのように決まりましたか？

幾田 写真展自体は、「出展の少ない1・2年生が学縁祭に参加できるように」という意図で前回からやっているのですが、「BIG LOVE」というテーマは会場運営班のメンバーにアンケートを取って決まりました。意味としては、建築を学び始めた1・

2年生が一番、建築に対して持っている純粋な気持ち＝愛なのではないか、ということです。3年生になると予算、構造などいろいろ考えないといけないので（笑）。作品数も前回は25作品ぐらいだったのが、今回は200作品くらい集まりました。それは同じく会場運営班のリーダーである関さんが、高校生に応募を呼び掛けてくれたのが大きいと思います。実際に高校生の前でプレゼンもしてくれました。モザイクアートの企画も関さんが提案してくれて、写真展は展示できる数が限られるので、応募してくれた人すべてが関わった作品を見せたいという想いが込められています。

田中 最初はモザイクアートなんてできるのかなと思いました。

奥島 大変なところに手を出したなと（笑）。でも関さんは今回が初参加でリーダーになって、このモザイクアートの企画を主導で進めてくれました。かなりの数の応募が集まって、モザイクアートもきちんと完成までこぎ着けたのは、関さんの熱意のおかげだと思います。

本谷 彼女は企画の趣旨や説明文も、大学の先生と話し合って考えてくれました。そこから、僕と幾田さんも加わって、高校生にもわかりやすい言い回しに変えて、「建築」という解釈をどこまで広げるのかなど、議論して決めました。

幾田 集まった写真を見た時の印象は、マニアックなものが多

かったですね。僕たちが考えていた以上に「建築」という言葉を広く捉えて応募してくれていました。建築というより風景やトマソンに近いものもあり、いろいろな人から見た建築が写真一枚に表れていて面白かったですね。

松尾 僕は結構楽しかったです。200作品というと選ぶのが大変そうに聞こえますが、会場に展示する100作品を選ぶ審査も分担して行ったので、そこまで負担はなかったです。

幾田 あまり個人の主観が入らないように、一人40作品を割り当てまして、そこから各15〜20くらいの作品を選出しました。

Q. 審査員の選出はいかがでしたか？

田中 一次審査の審査員がずっと決まらなくて、直前まで依頼し続けていました。

幾田 今回も意匠以外のランドスケープ、環境などいろいろな観点からの審査があったのが良かったです。学校の講評だと意匠の先生の意見が多いので、出展者にとっても新鮮だったと思います。

田中 それは意識していて、構造、意匠、都市計画などさまざまな分野の建築家の方々をお呼びしたいと考えながら依頼をしました。一次審査の審査員も分野・大学などが重複しないように意識していました。

Q. 学縁祭初の取り組みである、伊東豊雄先生と学生の トークセッションはいかがでしたか？

田中 普段聞けないお話が聞けて良かったです。対話形式の

トークセッションも印象的で、建築学生がまさに聞きたかった質問もあれば、意外な質問もあってとても興味深かったです。

幾田 僕も今回のトークセッションはすごく参考になって、伊東豊雄先生のような著名な建築家が僕たち建築学生の持つ悩みを解決してくれるというのは、あまり本などでも読んだことがなくて。そういう意味で共感できる部分が多く、ためになりました。

次の学縁祭に託す期待と反省

Q. 次回の実行委員に向けてアドバイスはありますか？

田中 今回から増えた「副リーダー」というポジションをどう生かすかが大事だと思っています。副リーダーにもリーダーの仕事をなるべく振って、次の回へつながる経験になればと。今回だけではなく、次回以降のことも考えて取り組めたらいいですね。

奥島 引き継ぎでは、前回の先輩が資料を渡してくださったのですが、学「縁」祭というからには、やはり今回の委員と次回の委員の縁も結びつつ、顔を合わせて打ち合わせができたらもっと良かったと思いました。顔を合わせたほうが、後々質問もしやすいかなと。

本谷 あとは全体の流れをつかめればやりやすいですね。

幾田 今回は委員長の提案でスケジュールを逆算したよね。「ここまでにこれを終わらせる」というのを各班で決めていました。

本谷 それで「これは遅れている」とか、「今はこれをやらなきゃいけない」というのを考えていました。さらに、他の班の活動も

逐一共有していましたね。

奥島 スケジュールの逆算を提案したのは、赤れんが設計展の実行委員を務めた時に、「最悪、このぐらい遅れても取り戻せる」というところから計画を立てていた経験を思い出したからです。赤れんがに比べて、学縁祭は準備期間が半分くらいしかないのできちんとスケジュールを立てる必要があると思い、「逆算してスケジュールを決めましょう」と提案しました。

Q. 次のメンバーに期待することと、本書を手に取って学縁祭に興味を持ってくれた人に一言お願いします。

松尾 とにかく継続することと、縁を大切にして欲しいと思います。実行委員が80名いるなかで、当日は30名しか集まらなかったということからもわかるように、途中で辞めていく人も多かったです。建築学生は日頃から忙しいですが、自分も忙しい時に幾田くんが協力してくれたことでなんとか続けられた面があるので、ぜひ継続して欲しいと思います。興味を持ってくれた人は、いい機会になると思うのでぜひ関わってもらえたらと思います。

幾田 次回のメンバーには、ぜひ自立して欲しいです（笑）。もっと学生主体で運営を進めていって欲しいです。今回は経験あるメンバーではありましたが、直前で総合資格さんに頼ってしまった部分もあったので、次回はぜひ学生たちだけで進めてもらいたいと思います。興味を持ってくれた人は、まずは本書をぜひ読んでください。

本谷 僕は幾田くんとは逆で、もしわからないこと・困ったことがあったら、どんどん周りの人に頼って、縁を広げて欲しいと思います。実行委員と聞くと大変なイメージがあると思いますが、「全部やらなければ」と背負い込まずに、気軽な気持ちで参加して欲しいと思っています。本書を手に取ってくれた人は、100選のページを見ると、模型のレベルや考えていることも深くて、自分と比較して落ち込んでしまうこともあるかもしれません。ですが、それで諦めずに、次の制作の参考にして、逆にやる気につなげて欲しいです。

奥島 実行委員長を引き受けたからには「やらなければならない」ではなく、「やってみたい」という想いを大事にしてもらえたらと思います。学生のうちにこのような経験をする機会はそうそうないので、いろいろ吸収したいという気持ちで頑張って欲しいと思います。私はこの学縁祭でいろいろな学校の人と話すなかで、建築は学内で完結するのではなく、違うことをしている人もたくさんいるのだと知りました。皆さんもぜひこの学縁祭を、視野を広げる役に立てて欲しいです。

土橋 次のメンバーには積極的に参加して欲しいです。最初は言い出しにくいかもしれないけれど、とりあえずやってみると面白いことも多いし、他の学校の友達もできるので、ぜひ積極的に参加し、続けて欲しいです。また、本書を手に取ったのが大人の方なら、ぜひ会場で実際に模型を見ていただきたいし、建築学生なら出展したり、運営に参加したりと、何かしらの形で関わって欲しいと思います。

田中 私はこの学縁祭を通して一緒にコンペに参加する友達ができたので、1年生でも、一緒に参加する人がいなくても、ぜひ参加してみてください。また、本書を手に取ってくれた人には、ここに載っている模型は一部分なので、ぜひ会場に来て、全体の模型やプレゼンボードも見ていただけたらと思います。

建築学縁祭学生実行委員会　特別企画
『BIG LOVE 〜好きな建築〜』建築写真展・モザイクアート

開催概要

展示期間：　2023年9月2日(土)〜4日(月)

一次審査：　実行委員で100作品を選出

最終審査：　建築学縁祭の来場者による一般投票

　　　賞：　最優秀賞(1作品)、優秀賞(2作品)、実行委員賞(1作品)

大学生だけでなく、幅広い世代の方が参加できるように

『あなたにとっての"好きな建築"』というテーマで作品を募集し、

写真展の開催とモザイクアートの制作を行いました。

一枚の写真に込められた、たくさんの建築へのBIG LOVEが集まりました。

BIG LOVE

〜 好きな建築 〜

趣旨

建築とは、建物だけではない幅広い意味を持つ。

写真展を通して自分が好きな建築とは何かを「探し」「見つけ」「共有」し、

さらに他の人の好きな建築を「知る」ことで、

建築とは何かを考え直すきっかけになることを期待する。

投票方法

展示作品を鑑賞し、投票したい作品が決まったら、投票用紙に番号を記入します。

投票用紙を手づくりの投票箱に投げ込めば投票完了！

● 最優秀賞　　　No.068　「除け者の居場所」　鈴木 創（芝浦工業大学3年）

朝日のスポットライトを浴びる枯れた缶チューハイ。下には吸い殻もいくつか転がっていて、昨日の夜は仲間内でさぞ盛り上がったでしょう。たかだか腰の高さほどの室外機の周りではさまざまな人間の活動が想像されます。誰も予想していなかった。機能だけのはずの高架下の室外機が社会の除け者の居場所となっている。

● 優秀賞

No.089
「瑠璃光院」
井上 詩音
（日本工学院八王子専門学校
4年）

比叡山の麓に位置し、四季折々に色づく景観が古来より人々を惹きつける京都・八瀬。この地にあり、春と秋には多くの人々が訪れる名所となっているのが、無量寿山光明寺京都本院 瑠璃光院です。瑠璃とは、極楽浄土を飾る七宝の一つである浄土の色。種々の楓が繁茂する深山の地に、幾重もの苔に覆われ清らかな泉が湧く。その主庭全体がまさに瑠璃色に輝かんとする様子から「瑠璃光院」という寺号がつけられました。

● 優秀賞　　　　No.145　「石と緑」　馬場 琉斗（工学院大学修士1年）
日光東照宮の奥へと進むと木漏れ日から現れる小さな神社に惚れる

● 実行委員賞

No.072
「ちょこっと」
瀬戸口 照
（武蔵野美術大学2年）

「ちょこっと」はみ出たかたち。小さくて誰も気づかないかもしれない。でも、この出っ張りは建築家の意志を伝える大きな役割を持っているように感じる。引っ込んだり、出っ張り過ぎるのも違う。このくらいがちょうどいい。この小さなこだわりが大きな建築をつくり上げているのではないか…そんな小さなかたちが私は好きだ。

No.001
「太陽に輝く情景」中島 悠太（墨田工科高等学校2年）

No.002
「これからの未来」鈴木 茜璃（日本工学院八王子専門学校2年）

No.004
「赤レンガ」藤巻 明日香
（日本工学院八王子専門学校2年）

No.008
「春の息吹」笠間 翔太
（日本工学院八王子専門学校2年）

No.009
「錦糸町からのスカイツリー」
藤中 光（墨田工科高等学校2年）

No.011
「古きを佇む緑と家」澤口 絆（墨田工科高等学校2年）

No.012
「お城」堀田 修志（墨田工科高等学校2年）

No.017
「未来」
西野 紘輝
（墨田工科高等学校1年）

No.020
「風景と僕らの居場所」半田 洋久（芝浦工業大学3年）

No.022
「3600枚のガラス」大澤 歩夢
（日本工学院八王子専門学校1年）

No.024
「心を動かされた建築物」
渡邊 元樹
（墨田工科高等学校3年）

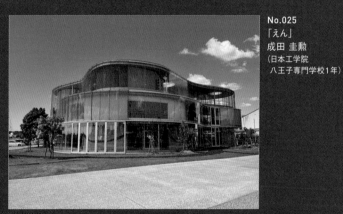

No.025
「えん」
成田 圭勲
（日本工学院
　八王子専門学校1年）

No.026
「建築の美と感性：見る、感じる、心動かす」
アルアブドルバーキ デーナ
（東海大学3年）

No.027
「怪しい誘い」
末松 拓海
（芝浦工業大学3年）

No.031
「葉の隙間から見える松本城」細川 篤士（日本工学院八王子専門学校2年）

No.032
「旅路の記録」早坂 啓汰
（日本工学院八王子専門学校1年）

No.033
「ホームタウン」古山 央透
（日本工学院八王子専門学校1年）

No.037
「好奇心の路地」甲野 揮弓
（墨田工科高等学校3年）

No.038
「頂点」杉山 小優季
（日本工学院八王子専門学校4年）

No.039
「建築の表裏」大川 紫主
（日本工学院八王子専門学校4年）

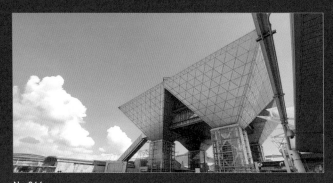

No.046
「『好き』に会いに行く」宮元 詩乃（日本工学院八王子専門学校4年）

No.047
「あたたかく染まる夕暮れ」赤川 可奈
（日本工学院八王子専門学校4年）

No.050
「赤い橋」清野 遥輝（墨田工科高等学校3年）

No.052
「地獄の門」渡部 翔太（日本工学院八王子専門学校1年）

No.056
「座・高円寺」箱根 虹利（墨田工科高等学校3年）

No.053
「求めた先に、」一杉 健洋
（早稲田大学3年）

No.057
「夜に輝く歴史」横川 蓮稀
（墨田工科高等学校1年）

No.059
「東京都庁」宇佐美 雷
（日本工学院八王子専門学校1年）

No.060
「家の暖かみ」飯田 絢斗
（日本工学院八王子専門学校1年）

No.065
「無機質であり暖かい」
星衛 円香
（日本工学院
　八王子専門学校1年）

No.063
「赤レンガ倉庫」田村 水脈（日本工学院八王子専門学校2年）

No.069
「シンプルでユニークな建物」影山 瑠那
（墨田工科高等学校2年）

No.071
「思い出のコテージ」蓮池 伸之
（墨田工科高等学校3年）

No.073
「空と建築」藤上 莉央
（日本工学院八王子専門学校1年）

No.078
「三井八郎右衛門邸」
石川 紅月
（日本工学院
　八王子専門学校4年）

No.079
「時代感じる高尾駅」
與那覇 美来
（日本工学院
　八王子専門学校4年）

No.074
「古の建物」竹島 妃桜里
（墨田工科高等学校1年）

No.080
「大都会の中の自然」綿村 松太郎
(日本工学院八王子専門学校4年)

No.090
「マリーナベイ・サンズ」神田 裕也
(日本工学院八王子専門学校4年)

No.091
「ワ・ラッセと光」蒔苗 寧々
(日本工学院八王子専門学校2年)

No.094
「建築と景色」堀内 琳雅(日本工学院八王子専門学校1年)

No.095
「溶け込む建築」石田 孝之介
(日本工学院八王子専門学校4年)

No.096
「人と建築」唐澤 駿介
(日本工学院八王子専門学校4年)

No.097
「印象深い名古屋」
石田 海翔
(日本工学院八王子専門学校4年)

No.098
「我らが東京都庁」
酒井 怜勇
(日本工学院八王子専門学校1年)

No.099
「365」北村 漱士
（日本工学院八王子専門学校4年）

No.102
「FCGビル」松島 侑聖
（日本工学院八王子専門学校4年）

No.103
「好きな建物」遠藤 夏央
（日本工学院八王子専門学校4年）

No.104
「恩恵」清水 颯馬
（日本工学院八王子専門学校2年）

No.105
「図書館」本田 響
（日本工学院八王子専門学校1年）

No.111
「憩いの場」侭田 涼雅
（日本工学院八王子専門学校4年）

No.106
「時計台」長田 択斗

No.107
「空間」原 百花

No.113
「たたずむ古民家」前田 幸哉
(日本工学院八王子専門学校1年)

No.116
「復刻のモダニズム建築」有吉 茉奈美
(日本工学院八王子専門学校2年)

No.117
「国際子ども図書館」小原 史也
(日本工学院八王子専門学校2年)

No.122
「富山市ガラス美術館」伊勢崎 悠
(日本工学院八王子専門学校2年)

No.126
「山の中の宿場町」
千葉 陸矢
(日本工学院
　八王子専門学校4年)

No.127
「自然の中の前川邸」
山本 大晟
(日本工学院
　八王子専門学校2年)

No.123
「自然を感じる建築」佐々木 悠登
(日本工学院八王子専門学校4年)

No.128
「雲の上の図書館」
平島 健太
(日本工学院
　八王子専門学校4年)

No.130
「スクリーン」根本 梨央（日本工学院八王子専門学校4年）

No.135
「夜の御寺」HOUT SEAKLAY
（日本工学院八王子専門学校1年）

No.136
「きっかけの建築」宮下 陽都（日本工学院八王子専門学校4年）

No.139
「横浜の天空シアター」吉澤 隆浩（日本工学院八王子専門学校4年）

No.142
「いのちの建築」
深瀬 ひかる
（日本工学院
　八王子専門学校2年）

No.140
「旧小峰トンネル」花見 晃輝
（墨田工科高等学校3年）

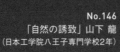

No.146
「自然の誘致」山下 龍
（日本工学院八王子専門学校2年）

No.148
「houseNA」植田 葵
（日本工学院八王子専門学校4年）

No.147
「思い出の一枚」渡邉 獅龍（日本工学院八王子専門学校1年）

No.152
「本の楽園」大沼 はな（日本工学院八王子専門学校2年）

No.151
「表出する肌理」高橋 侑臣（日本大学4年）

No.157
「ツツジの見守り」太田 和希（墨田工科高等学校3年）

No.153
「光陰の変化」翁 慧芳
（職業能力開発総合大学校2年）

No.159
「日常を照らす夏の町」征矢 俊介
（東京電機大学2年）

No.160
「風景と思い出」星 太智
（日本工学院八王子専門学校4年）

No.162
「都内　公園　スタバ」高田 優美
（日本工学院八王子専門学校2年）

No.163
「窓辺にて」大西 明日香（武蔵野美術大学2年）

No.165
「生きた建築」白土 侑聖（日本工学院八王子専門学校1年）

No.166
「海月」高田 真之介（慶應義塾大学4年）

No.167
「好きな建物」
杉山 歩美
（墨田工科高等学校3年）

No.168
「七変化のエントランス」
近藤 望
（東京都立大学3年）

No.170
「通り道。」竹澤 花音
（日本大学3年）

No.171「神社」柏崎 泰輔
（墨田工科高等学校3年）

No.172
「時代」内田 栞那
（日本工学院八王子専門学校1年）

No.173
「世界でも珍しい建物」
布沢 颯希（日本工学院八王子専門学校1年）

No.175
「四角いシルエット」渡邊 泰青（日本工学院八王子専門学校2年）

No.176
「転換」小林 陸人（日本工学院八王子専門学校4年）

No.177
「Cove3/SAOTA」
河村 大翔
（日本工学院
　八王子専門学校4年）

No.183
「気になるカフェ」
稲富 理智
（日本工学院
　八王子専門学校2年）

No.181
「桟橋」
宮原 陸也
（日本工学院
　八王子専門学校4年）

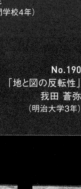

No.190
「地と図の反転性」
我田 蒼弥
（明治大学3年）

No.187
「街の入り口」上木 健祐
（日本工学院八王子専門学校4年）

No.191
「導き」初鹿野 桃香
（日本工学院八王子専門学校4年）

No.188
「万人美」田中 小葉
（墨田工科高等学校3年）

No.192
「建築と一体になれる場所」
小泉 満里奈
（早稲田大学3年）

総投票数

152票

最優秀賞

No.068

「除け者の居場所」

18票

優秀賞

No.089

「瑠璃光院」

17票

No.145

「石と緑」

12票

実行委員賞の選出について

建築物の大枠としての印象だけでなく、

細部に視点を置き、

自分の「好き」を発見するのはなかなか難しいことだと思います。

ですが、その細部にこそ建築家の想いや、

私たちにとっての「好きな建築」が詰まっており、

それはきっと日常に溢れて存在しているのではないかと

気付かされる作品でした。

（建築学縁祭学生実行委員会）

モザイクアート

写真展「BIG LOVE〜好きな建築〜」への応募作品と、会場で応募を募った作品を使って、
建築学縁祭のロゴをモザイクアートで表現しました。
制作したモザイクアートは、建築学縁祭の公式Instagramで公開しています。

応募者

高田 真之介	南 來天	赤川 可奈	内田 栞那	遠藤 創太
馬場 琉斗	林田 勇奈	木津谷 大雅	白土 侑聖	菅根 和哉
半田 洋久	佐藤 凱	加藤 瑠希	佐藤 智基	渡邊 泰青
末松 拓海	岡田 大虎	宮下 陽都	森本 拓海	松本 葉月
鈴木 創	田代 慎也	田村 陽輝	植原 脩	山本 大晟
翁 慧芳	新井 大芽	唐澤 駿介	佐々木 陸翔	望月 仁
一杉 健洋	松若 初芽	星 太智	HOUT SEAKLAY	平野 蓮
小泉 満里奈	村上 真子	澤口 悠馬	柳川 龍哉	田中 颯人
鎌田 蓮人	西野 紘輝	侭田 涼雅	菊池 啓介	山下 龍
アルアブドルバーキデーナ	柳田 一人	鈴木 和尊	原 百花	蒔苗 寧々
達 莉咲	大野 祐輔	吉澤 隆浩	長田 択斗	塚越 美結
征矢 俊介	小野寺 柊	上木 健祐	本田 響	伊勢﨑 悠
近藤 望	安西 桜花	佐々木 悠登	小田部 航周	菅野 光
渡邊 元樹	米田 琉臣	石田 海翔	野村 憲太郎	高田 優美
三宅 一斗	影山 瑠那	匡 禹霏	星衛 円香	大沼 はな
松井 龍也	重田 凜咲	與那覇 美来	飯田 絢斗	井上 椋介
花見 晃輝	伊藤 貴太	河村 大翔	宇佐美 雷	有吉 茉奈美
蓮池 伸之	堀田 修志	千葉 陸矢	小野 俊輔	細川 篤士
箱根 虹利	藤中 光	小泉 紳太郎	渡部 翔太	門倉 大千
野村 優貴	斜木 比呂斗	宮原 陸也	川口 尚悟	中尾 俊介
田中 小葉	澤口 絆	初鹿野 桃香	鈴木 駿也	小原 史也
田口 智郁	レクト ワキン	北村 漱士	鈴木 匠	清水 颯馬
髙森 大雅	大河原 渉泉	須川 航世	古山 央透	伊藤 誠士
勢能 一翔	中島 悠太	神田 裕也	早坂 啓汰	髙田 航矢
清野 遥輝	渡邊 獅龍	井上 詩音	成田 圭勲	澤口 柊太
杉山 歩美	田村 光	杉山 小優季	前田 幸哉	藤巻 明日香
清水 拓人	田口 綾乃	大谷 日向	奈良 蓮太	竹澤 花音
甲野 揮弓	横山 松太郎	石川 紅月	酒井 怜勇	髙橋 侑臣
川﨑 雄獅	平島 健太	古川 雄大	堀川 皓平	堀内 琳雅
柏崎 泰輔	根本 梨央	大川 紫主	大澤 歩夢	瀬戸口 照
小川 哲	小林 陸人	松島 侑聖	藤上 莉央	大西 明日香
太田 和希	小林 斗馬	佐久間 仁美	三上 琉依	我田 蒼弥
梅内 馨資	宮元 詩乃	中里 仁美	笠間 翔太	
浅田 結晴	石田 孝之介	遠藤 こゆき	町田 優心	
米澤 春人	中村 涼平	原田 虎太郎	田村 水脈	
加瀬 龍之介	原 涼哉	Zhang Mengxi	深瀬 ひかる	
小宮山 皓	遠藤 夏央	関谷 壮敏	鈴木 茜璃	
村田 辰斗	長島 蒔紘	新関 柚希	藤波 和輝	
竹島 妃桜里	立崎 大地	新山 楓峨	稲富 理智	
横山 蓮稀	植田 葵	布沢 颯希	田中 愛華	

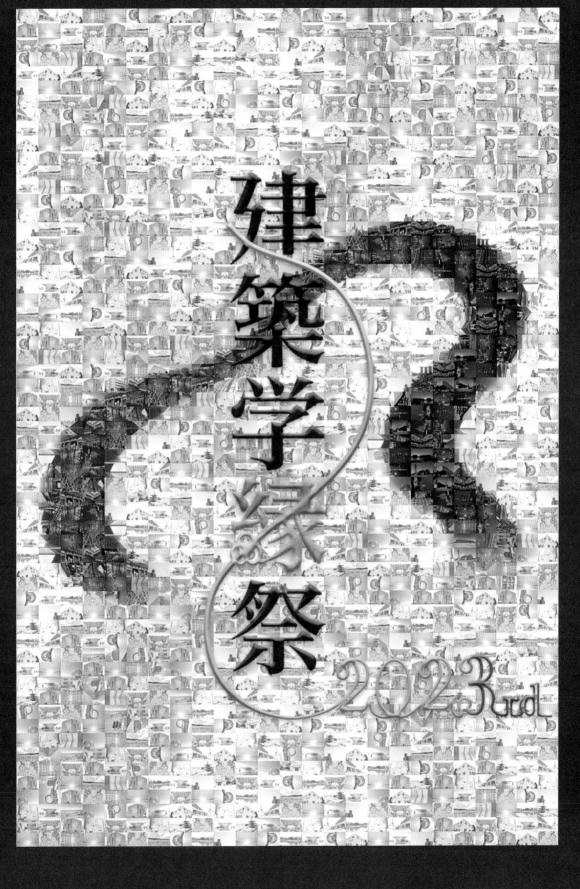

建築学縁祭2023　学生実行委員会　オリジナルデザイン紹介

建築学縁祭では、学生実行委員会がデザインした大会ロゴ、名刺、Tシャツ、公式ホームページなど、
さまざまなデザインが大会を盛り上げます。実行委員たちが、これまでの実行委員会からの意志を受け継ぎ、
また今後も長く続くイベントとなるように想いを込めた、建築学縁祭オリジナルのデザインを紹介します。

大会ロゴ

建築学縁祭の大会ロゴは、第1回大会のロゴをベースに「2023」を追加。キーワードでもある"縁"とその「2023」から伸びる線を絡ませてつながりを意識し、1つの線で表現されています。また第3回大会ということが伝わるように、3rdの"rd"を加え、2色で「2023」と「3rd」がつながりを持ちながらも見分けがつくようにデザインされました。

名刺

審査員や学校関係者、協賛企業など多くの人と関わる建築学縁祭で、学生実行委員たちが挨拶の際に手渡すのが名刺。ロゴの3色を色彩豊かにグラデーションで取り入れ、"縁"という関わりや重なりを表現しています。建築学縁祭をアピールするツールとして、今年は白を多く取り入れて、明るい印象を与えるデザインとなりました。

ホームページ

建築学縁祭の最新情報を発信する公式ホームページは、広報班による制作。グレーとロゴの3色をイメージカラーとして、会場の写真も大きく使用し、シンプルで見やすいつくりとなっています。建築学縁祭のさまざまな情報にアクセスでき、作品エントリーの窓口でもある、建築学縁祭のプラットフォームとなる存在です。

Tシャツ

学生実行委員たちが着用しているオリジナルTシャツ。性別に関係なく着やすく、実行委員らしくシンプルかつクールなデザインの黒を、第1回大会からメインカラーに採用しています。表面は胸元に、白のロゴをワンポイントでシンプルに。裏面は第3回大会であることから、ロゴの3色を斜めに重ねています。

Model：Chiaki Okushima / Kosuke Miyaji

第1回から代々受け継ぐアイテム

横断幕

建築学縁祭の会場を盛り上げるのに欠かせないのが、第1回大会のデザイン・書籍班、会場班の共同制作による横断幕。ロゴが中心に据えられたデザインで、大会のシンボルとして場内に高々と掲げられます。

模型台

第1回大会の模型台制作チームによるオリジナルの模型台。模型が見やすい高さ900mmで、プレゼンボードを手前に配置するなど、発表者のプレゼンのしやすさと、審査員や観覧者の見やすさを追求しています。

建築学縁祭学生実行委員会 メンバー

実行委員長	奥島 千晶（東京都市大学3年）		齋藤 佳佑（東京電機大学2年）	
			澤野 大希（東京電機大学2年）	
副実行委員長	本谷 慶（東京電機大学3年）		恒川 総悟（青山製図専門学校2年）	
	園田 はる菜（文化学園大学3年）		中川 諄也（東洋大学2年）	
			中村 あずみ（青山製図専門学校2年）	
総務会計班	中野 宏太（東京電機大学3年） リーダー		福原 実（日本大学3年）	
	大久保 瑠々花（文化学園大学3年）		福本 陽菜（神奈川大学2年）	
	成田 圭勲（日本工学院専門学校1年）		山本 紗也子（神奈川大学3年）	
広 報 班	宮地 幸助（明治大学3年） リーダー	渉 外 班	吉村 勇之介（日本大学2年） リーダー	
	清宮 菜子（中央工学校2年）		前野 元彦（日本大学2年） リーダー	
	佐々木 美月（文化学園大学4年）		谷井 愛美花（文化学園大学3年） 副リーダー	
	塚野 未菜海（青山製図専門学校2年）		川北 大洋（日本大学3年）	
	原嶋 康多（日本大学3年）		筧 健太（日本工学院専門学校3年）	
	米持 帆海（青山製図専門学校2年）		小林 璃虹（文化学園大学3年）	
クリティーク班	田中 里海（日本工学院専門学校3年） リーダー		齋藤 舞奈（文化学園大学3年）	
	征矢 俊介（東京電機大学2年） 副リーダー		佐藤 百華（文化学園大学3年）	
	阿部 凌大（神奈川大学4年）		二宮 花鈴（工学院大学1年）	
	生駒 ひなた（青山製図専門学校2年）		藤川 紫帆（工学院大学2年）	
	金井 俊輔（工学院大学1年）		安田 奈央（文化学園大学3年）	
			山口 亜沙（工学院大学1年）	

デザイン・書籍班	リーダー 土橋 洸太（法政大学3年）	鈴木 美香（工学院大学2年）	
	副リーダー 小泉 奏（文化学園大学2年）	多田 真緒里（武蔵野大学1年）	
	副リーダー 鈴木 聖母（武蔵野美術大学1年）	時友 琴美（工学院大学2年）	
	鈴木 北斗（明治大学3年）	鳥羽 天真（東京工芸大学3年）	
	髙橋 俊樹（工学院大学3年）	中澤 俊樹（東京電機大学3年）	
	本間 瑞季（文化学園大学2年）	成田 純明（日本工学院専門学校3年）	
	増子 優奈（文化学園大学2年）	西川 将立（日本工学院専門学校1年）	
	望月 優里（文化学園大学2年）	橋本 大志（日本大学3年）	
		早坂 朝陽（東京電機大学3年）	
会場運営班	リーダー 幾田 雄也（東京電機大学3年）	平塚 柊真（東京電機大学3年）	
	リーダー 関 茜（日本工学院専門学校2年）	藤田 蓮生（日本工学院専門学校1年）	
	リーダー 松尾 龍（日本大学3年）	眞崎 聡人（東京電機大学3年）	
	秋山 紘輝（日本工学院専門学校1年）	松井 崇史（日本大学3年）	
	安齊 愛翔（日本工学院専門学校1年）	松藤 壮汰（日本大学1年）	
	岡田 貫太（青山製図専門学校2年）	宮里 仁菜（日本工学院専門学校1年）	
	小河原 若奈（工学院大学2年）	吉田 海矢（東京電機大学3年）	
	加藤 舞（青山製図専門学校2年）	吉野 俊輔（東京電機大学3年）	
	可児 歩乃未（多摩美術大学2年）	渡辺 碧（日本工学院専門学校3年）	
	佐藤 唯佳（東洋大学2年）	渡辺 心春（武蔵野大学1年）	
	島田 真佑子（日本工学院専門学校2年）		
	杉山 航平（東洋大学2年）	司 会	島田 真佑子・松井 崇史

住まい価値創造企業
POLUS
ポラスグループ

誠賀建設 SEIGA CORPORATION

NICHE 工学院大学　建築系同窓会
Kogakuin university
School of Architecture, Alumni association

 株式会社佐沼建築システムデザイン

SEKISUI

日刊建設工業新聞社

 有限会社 EOS plus
https://www.eosplus.net

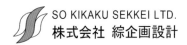

KUME
SEKKEI

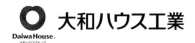

株式会社ジャスト

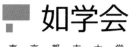
東 京 都 市 大 学
建 築 学 科 同 窓 会

法匠会
法政大学デザイン工学部
建 築 学 科 同 窓 会

活力ある社会をめざして
株式
会社 類設計室

建築学縁祭2023

主 催

総合資格学院／建築学縁祭学生実行委員会

会 場

工学院大学 新宿アトリウム

運営事務局

事務局長
田中 雅弘

事務局
小川 一也

藤原 遼人

東條 巧巳

馬場 琉斗

協 賛

ポラス 株式会社

誠賀建設 株式会社

工学院大学建築系同窓会

株式会社 佐沼建築システムデザイン

積水化学工業 株式会社

チームラボ 株式会社

株式会社 日刊建設工業新聞社

有限会社 ＥＯＳｐｌｕｓ

株式会社 ｓａｉ総合企画

株式会社 久米設計

芝浦工業大学校友会

株式会社 ジャスト

如学会（東京都市大学建築学科同窓会）

株式会社 スエヒロ設計事務所

スターツＣＡＭ 株式会社

株式会社 綜企画設計

大同工業 株式会社

大和ハウス工業 株式会社

東亜建設工業 株式会社

法匠会（法政大学建築学科同窓会）

株式会社 類設計室

総合資格 navi

全学年対象

建築・土木学生のための建設業界情報サイト

建築関連の資格スクールとして
建設系の企業と強固なネットワークを
築いてきたからこそ、
ご提供できるサービスを揃えています。

登録はこちら！

学校生活で

全国の建築イベント情報が見られる
建築系企業のアルバイト募集へ応募できる
全国の建築学校の取り組みが見られる
建築学生に必須スキルのノウハウが学べる

あなたを必要とする企業からスカウトが届く
インターンシップや説明会、選考へエントリーできる
実際に選考を突破した先輩、同期のESが見られる

就職活動で

お問い合わせ

総合資格navi 運営事務局

［E-MAIL］navi-info@shikaku.co.jp
［TEL］03-6304-5411

 **BOOKS** 総合資格学院の**本**

 試験対策書

建築士試験対策
建築関係法令集 法令編
定価：3,080円
判型：B5判

建築士試験対策
建築関係法令集 法令編S
定価：3,080円
判型：A5判

建築士試験対策
建築関係法令集 告示編
定価：2,750円
判型：B5判

1級建築士学科試験対策
学科 ポイント整理と確認問題
定価：3,850円
判型：A5判

1級建築士学科試験対策
学科 厳選問題集 500＋125
定価：3,850円
判型：A5判

1級建築士学科試験対策
学科 過去問 スーパー7
定価：3,850円
判型：A5判

2級建築士学科試験対策
学科 ポイント整理と確認問題
定価：3,630円
判型：A5判

2級建築士学科試験対策
学科 厳選問題集 500＋100
定価：3,630円
判型：A5判

2級建築士学科試験対策
学科 過去問 スーパー7
定価：3,630円
判型：A5判

2級建築士設計製図試験対策
設計製図 テキスト
定価：4,180円
判型：A4判

2級建築士設計製図試験対策
設計製図 課題集
定価：3,300円
判型：A4判

宅建士試験対策
必勝合格 宅建士 テキスト
定価：3,080円
判型：A5判

宅建士試験対策
必勝合格 宅建士 過去問題集
定価：2,750円
判型：A5判

1級建築施工管理技士
第一次検定 問題解説
定価：2,750円
判型：A5判

2級建築施工管理技士
第一次検定・第二次検定 問題解説
定価：1,870円
判型：A5判

2級建築施工管理技士
第一次検定 テキスト
定価：2,420円
判型：A5判

 設計展作品集 & 建築関係書籍

Diploma×KYOTO
定価：2,200円
判型：B5判

DESIGN REVIEW
定価：2,200円
判型：B5判

建築学縁祭 オフィシャルブック
定価：1,980円
判型：B5判

赤れんが 卒業設計展
定価：1,980円
判型：B5判

構造デザインマップ 東京
定価：2,090円
判型：B5判変形

構造デザインマップ 関西
定価：2,090円
判型：B5判変形

環境デザインマップ 日本
定価：2,090円
判型：B5判変形

STRUCTURAL DESIGN MAP TOKYO
定価：2,090円
判型：A5判変形

※定価は全て税込み

 お問い合わせ

総合資格学院 出版局
［URL］https://www.shikaku-books.jp/
［TEL］03-3340-6714

私の選択は
間違ってなかった

選んだのは、合格者の50%以上が
進んだ王道ルートでした。

建築学縁祭2023
オフィシャルブック

発行日
2024年4月25日

編　著
総合資格学院／建築学縁祭学生実行委員会

発行人
岸 和子

発行元
株式会社 総合資格　総合資格学院
〒163-0557　東京都新宿区西新宿1-26-2 新宿野村ビル22F
TEL 03-3340-6714(出版局)
株式会社 総合資格　http://www.sogoshikaku.co.jp/
総合資格学院　https://www.shikaku.co.jp/
総合資格学院 出版サイト　https://www.shikaku-books.jp/

編　集
建築学縁祭学生実行委員会 デザイン・書籍班
(土橋洸太、小泉 奏、鈴木北斗、本間瑞季、増子優奈、望月優里)
株式会社 総合資格 出版局(新垣宜樹、梶田悠月、坂元 南)

デザイン
株式会社 総合資格 出版局(三宅 崇)

写　真
高田繭写真事務所

印　刷
シナノ書籍印刷 株式会社

ISBN 978-4-86417-534-0
Printed in Japan